Paul Wells
com Joanna Quinn e
Les Mills

Desenho para Animação

s.m. técnica de produção (de imagens ou diagramas) que utiliza linhas e marcas feitas sobre papel com lápis, caneta, etc.

s.f. técnica em que são filmados desenhos ou posições de modelos sucessivos para criar a ilusão de movimento quando o filme é mostrado como uma sequência

Tradução:
Mariana Bandarra

Revisão técnica:
Sérgio Nesteriuk
Mestre e doutor em Comunicação e Semiótica
Diretor de Educação da Associação Brasileira do Cinema de Animação
Professor da PUC-SP, Universidade Anhembi Morumbi e FAPCOM

2012

Obra originalmente publicada sob o título
Basics Animation: Drawing for Animation

ISBN 978-2-940373-70-3

Copyright © AVA Publishing SA 2009. All rights reserved.

Design de Tamasin Cole
www.tamasincole.uk.co
Imagem da capa: *Dream and Desires: Family Ties*
© Joanna Quinn/ Beryl Productions International Ltd

Capa: *VS Digital*, arte sobre capa original

Leitura Final: *Sandro Andretta*

Gerente Editorial – CESA: *Arysinha Jacques Affonso*

Editora responsável por esta obra: *Mariana Belloli*

Editoração eletrônica: *Techbooks*

***Storyboard* autobiográfico**

animador
Richard Reeves

W453a   Wells, Paul.
        Desenho para animação / Paul Wells, Joanna Quinn, Les
    Mills ; tradução: Mariana Bandarra ; revisão técnica: Sérgio
    Nesteriuk. – Porto Alegre : Bookman, 2012.
        192 p. : il. color. ; 23 cm. – (Animação Básica ; 3)

        ISBN 978-85-407-0152-6

        1. Animação. 2. Desenhos animados. I. Quinn, Joanna.
    II. Mills, Les. III. Título.

                                              CDU 791.228

Catalogação na publicação: Fernanda B. Handke dos Santos – CRB 10/2107

Reservados todos os direitos de publicação, em língua portuguesa, à
BOOKMAN EDITORA LTDA., uma empresa do GRUPO A EDUCAÇÃO S.A.
Av. Jerônimo de Ornelas, 670 – Santana
90040-340 – Porto Alegre – RS
Fone: (51) 3027-7000   Fax: (51) 3027-7070

É proibida a duplicação ou reprodução deste volume, no todo ou em parte,
sob quaisquer formas ou por quaisquer meios (eletrônico, mecânico,
gravação, fotocópia, distribuição na Web e outros), sem permissão expressa
da Editora.

Unidade São Paulo
Av. Embaixador Macedo Soares, 10.735 – Pavilhão 5 – Cond. Espace Center
Vila Anastácio – 05095-035 – São Paulo – SP
Fone: (11) 3665-1100   Fax: (11) 3667-1333

SAC 0800 703-3444 – www.grupoa.com.br

IMPRESSO NA CINGAPURA
PRINTED IN SINGAPORE

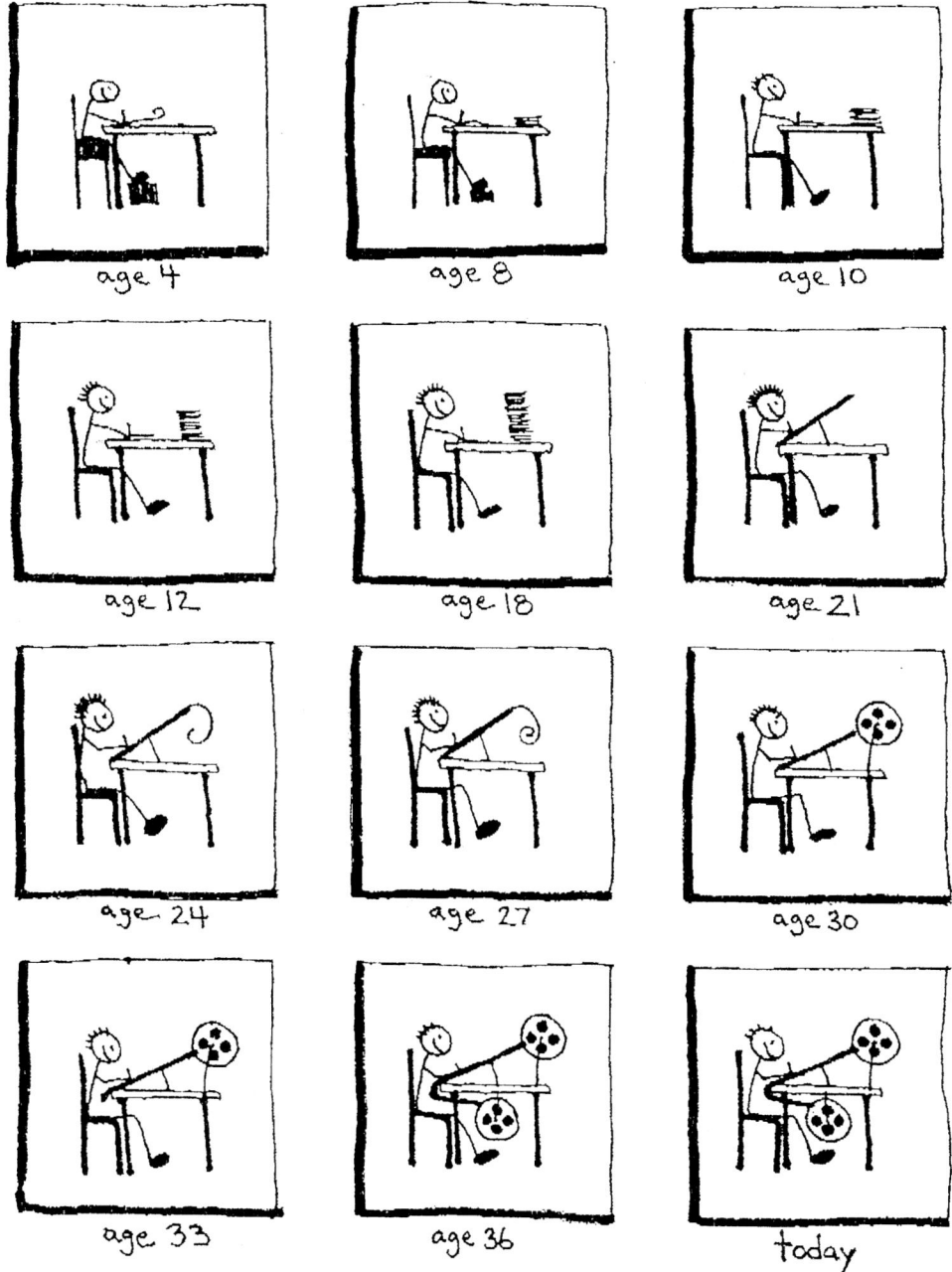

Sumário

6 Introdução
12 Como aproveitar ao máximo este livro

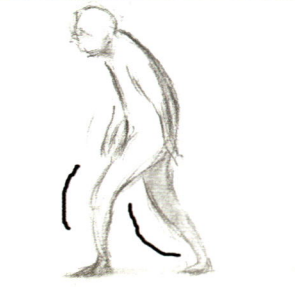

14 Pensando o desenho
16 Observação
20 Percepção
24 Memória
28 Interpretação
32 Representação
36 Imitação
40 Experimentação

44 Prática
46 Composição e perspectiva
50 Desenho de modelo vivo e figura
56 Movimento e dinâmica
60 Pensando a animação
66 Desenhando personagens

72 Procedimentos de pré-produção e produção
74 A ideia arrebatadora
84 Roteiro
86 *Storyboard*
90 Cenas
96 De 2D a 3D

100 Desenho e narrativa

102 *Sketchbooks* como recursos narrativos

106 A personagem como narrativa

124 Desenho e adaptação

126 Comerciais

130 Adaptação literária e narrativa gráfica

142 Adaptando estéticas

148 Desenhando personagens e *concepts*

150 Frédéric Back

154 Paul Driessen

158 Richard Reeves

162 Michael Dudok de Wit

166 Luis Cook

172 Gerrit van Dijk

177 Glossário

179 Notas sobre desenho

186 Conclusão

187 Bibliografia

190 Filmografia

191 Webgrafia

192 Créditos de imagens / agradecimentos

Introdução

O desenho é parte fundamental das etapas preparatórias de quase todo projeto centrado em design. Trata-se do método central por meio do qual ideias e conceitos podem ser visualizados e, em última instância, compartilhados com colaboradores, clientes e público. Em qualquer forma – rabisco, esboço, estudo ou planta –, as linhas e suas marcações de apoio, sombreamentos etc. incluídos em uma visualização são a representação essencial das informações e do sentido. O desenho, em animação, é marcado pelo movimento, representando trajetórias de deslocamento, trajetos de ação e coreografias de personagens para fenômenos animados. Ele opera em uma infinidade de formas, desde os trabalhos no *sketchbook* até a animação completa, quadro a quadro, e cada uma dessas formas desempenha uma função necessária e muitas vezes complexa para comunicar ideias e emoções específicas.

Muitos animadores tradicionais combinam talento para a arte do desenho com técnicas performáticas cuidadosamente afinadas. Essa combinação de metodologia avançada de desenho com atuação é muitas vezes tida como a melhor forma em que o desenho pode operar dentro da animação, mas não deve ser encarada como a única maneira em que o desenho funciona, ou como o "Santo Graal" da realização dentro da forma.

Grande parte dessa visão do desenho de animação está inevitavelmente relacionada às conquistas significativas dos estúdios Disney durante sua "era de ouro" entre *Steamboat Willie* (1928), que apresenta Mickey Mouse em sua primeira aventura animada, e *Bambi* (1942), a apoteose do estilo hiper-realista clássico da Disney. Embora reconhecesse o pioneirismo de Winsor McCay em *Gertie the Dinosaur*, de Otto Messmer em O Gato Félix (*Felix the Cat*) e dos irmãos Fleischer na criação de desenhos animados que aproveitavam ao máximo a liberdade representacional, Disney rejeitou a anarquia imagética e apropriou-se dos códigos e convenções já estabelecidos no cinema *live-action*. Ao priorizar a animação de personagens plenamente desenvolvidas e as situações dramáticas em detrimento de formas melodramáticas e *gags* visuais, os filmes da Disney ganharam a capacidade de sustentar narrativas longas.

▼

Halas & Batchelor Studio

John Halas trabalha em desenhos para *A Revolução dos Bichos* (*Animal Farm*, 1954), o primeiro longa-metragem de animação britânico, em que ele captura graficamente expressões faciais com a ajuda de um espelho, recriando-as na personagem de um porco.

Introdução

Foi esse investimento no próprio processo de animação – um maior compromisso com o desenho anatomicamente correto, o estímulo da inspiração, o reconhecimento do apelo e do formato da narrativa de aventura das histórias em quadrinhos, a atuação convincente das personagens e *storyboards* expandidos – que permitiu a criação de um tipo de realismo relevante para a narrativa dos longas-metragens e da economia hollywoodiana. Além disso, essa metodologia favorecia uma exigência específica de técnicas de desenho avançadas, que ainda hoje caracterizam a animação "plena" no estilo clássico. Historicamente, isso ganhou importância especial porque resultou em *Branca de Neve e os Sete Anões* (*Snow White and the Seven Dwarfs*, 1937) e na aceitação da animação como forma genuína de cinema e de arte gráfica. A animação deixava de ser uma programação secundária para tornar-se a atração principal.

As realizações da Disney deixaram um legado duradouro e ainda são relevantes nas formas como priorizam a grande quantidade de abordagens ao desenho dentro da preparação ou do filme de animação já finalizado. Disney retreinou todos os seus animadores para o desenho de observação, na intenção de que tanto personagens humanas quanto animais tivessem verossimilhança anatômica. A "convicção" que isso conferia às personagens, de acordo com a crença de Disney, dava suporte às suas funções narrativas e às tendências antropomórficas de suas histórias que, em grande parte, baseavam-se em animais. O desenho de inspiração permitia que os artistas experimentassem com o design de personagens e ambientes, estéticas, posturas e gestos coreografados e com o potencial narrativo e motor das formas estáticas.

título
O Gato Félix

animador
Otto Messmer

O desenho de Otto Messmer para *O Gato Félix* era uma combinação sutil de marcações gráficas convincentes e coreografia desenhada a partir das pantomimas de Charlie Chaplin e de outros comediantes do cinema mudo.

Estilos modernistas

Os artistas da Disney foram influenciados por um sem-número de fontes visuais, em grande parte europeias – entre elas as obras de JJ Grandville, Doré, Daumier, Kley, Griset e Potter –, e suas habilidades de desenho pressupunham os estilos ocidentais de composição e perspectiva. Maiores graus de abstração estão presentes em obras como *Fantasia* (1940) e nos desenhos animados dos anos 1950, que eram uma resposta ao trabalho de estúdios como United Productions of America (UPA) e empregavam estilos modernistas desenhados a partir das belas artes e do design gráfico. A animação clássica da Disney manteve-se praticamente a mesma, no entanto, e definiu as abordagens ao desenho de animação.

Professores e profissionais sentiam claramente que isso era, ao mesmo tempo, uma vantagem e uma desvantagem. Se, por um lado, a animação clássica oferece um vocabulário puro de desenho em um estilo de animação *full*, por outro lado esse vocabulário pode ser limitante para aqueles que não têm a capacidade técnica de atingir o nível de desenho exigido e, acima de tudo, para aqueles que gostariam de trabalhar em diversos outros estilos. Este livro busca lidar com essa perspectiva e expandir a filosofia do desenho de animação, aceitando o estilo de animação clássica, mas sugerindo também que há uma vasta gama de outras abordagens e processos nos quais o desenho desempenha um papel central e intrinsecamente diferente.

Model sheet **para Betty Boop**

animadores
Irmãos Fleischer

Este *model sheet* original do desenho *Betty Boop*, da Fleischer Brothers', visualiza a proporção, a postura e o movimento sugerido de Betty, além de diversas de suas expressões faciais na articulação gráfica de suas respostas emocionais. Há uma atenção especial ao movimento recatado e súbito do gesto que Betty faz com a mão.

Introdução

Uma das características mais importantes do desenho integrada a essas abordagens e processos é a forma como ele facilita o ato de pensar sobre a narrativa e incentiva a visualização de ideias e conceitos. Além disso, desenhos que sugerem eventos narrativos e estilos cômicos, por sua vez, sugerem o processo por meio do qual os movimentos necessários para criar a ação podem ser coreografados e executados.

No início e ao longo desses processos, o *sketchbook* pessoal é, muitas vezes, uma ferramenta importante para lidar com experimentações visuais, registrar ideias, praticar designs específicos e estratégias de definição de poses-chave (*blocking*), experimentar novas perspectivas sobre o movimento, fazer observações e criar contextos imaginativos para estimular o desenvolvimento de outros materiais etc. O *sketchbook* é, em muitos sentidos, uma grande ferramenta de libertação contra o pensamento prescritivo ou as regras, os códigos e as convenções frequentemente associados à execução da animação *full*, e ao classicismo do estilo Disney.

Essencialmente, sejam quais forem os termos e condições em que o *sketchbook* ou outro recurso venha a ser utilizado para obter qualquer resultado – desde a animação de personagens até a pureza das linhas e formas abstratas –, o desenho de animação é capaz de facilitar uma variedade de mundos psicológicos, emocionais e materiais. Esses mundos serão explorados nos capítulos seguintes.

título
Man Alive! (1952)

animador
UPA

O trabalho da UPA empregava estilos modernistas, em grande parte desenhados a partir das obras de Saul Steinberg, Raoul Dufy, Georg Olden, Stuart Davis e Ronald Searle, que redimensionavam, distorciam e omitiam os ambientes, buscando expressar atmosferas e perspectivas por meio de cores, formato e construção.

Pensando o desenho

O capítulo de abertura incentiva os leitores a ver o papel e a função que o desenho desempenha como ferramenta de criação e como mediador da expressão psicológica e emocional.

Prática

Depois de investigar o desenho de modo geral, a discussão recai sobre algumas das expectativas mais típicas do desenho para a animação clássica, e também sobre a forma como essas expectativas podem ser variadas e até mesmo rejeitadas como modelo de desenho em um filme de animação.

Procedimentos de pré-produção e produção

O desenho desempenha uma função em diversos aspectos da preparação e do desenvolvimento de narrativas e personagens animadas, e isso é abordado neste próximo aspecto da análise.

Desenho e narrativa

Este capítulo investiga a forma como o desenho está relacionado à narrativa, e concentra-se nas formas específicas em que as estratégias visuais evocam a história por meio de conceitos, associações e modos de comunicação.

Desenho e adaptação

A discussão prossegue, investigando o modo como os estilos e contextos de desenho estabelecidos são adaptados para a forma animada.

Desenhando personagens e *concepts*

Este aspecto final da discussão inclui uma gama de estudos de caso de artistas conhecidos, levando em conta as abordagens específicas ao desenho e como ele é usado para propósitos e efeitos específicos.

Como aproveitar ao máximo este livro

Este livro oferece uma introdução às diversas técnicas e potencialidades do desenho de animação. Desde o desenvolvimento de uma ideia inicial, comunicação de conceitos para colegas e criação do *storyboard* para cenas, personagens e histórias até a execução final, o desenho é uma ferramenta integrante da pesquisa e da prática em animação.

Cabeçalhos
Permitem que o leitor segmente o texto e consulte rapidamente seus tópicos de interesse.

Números de páginas
Localizados no canto superior direito de cada página dupla.

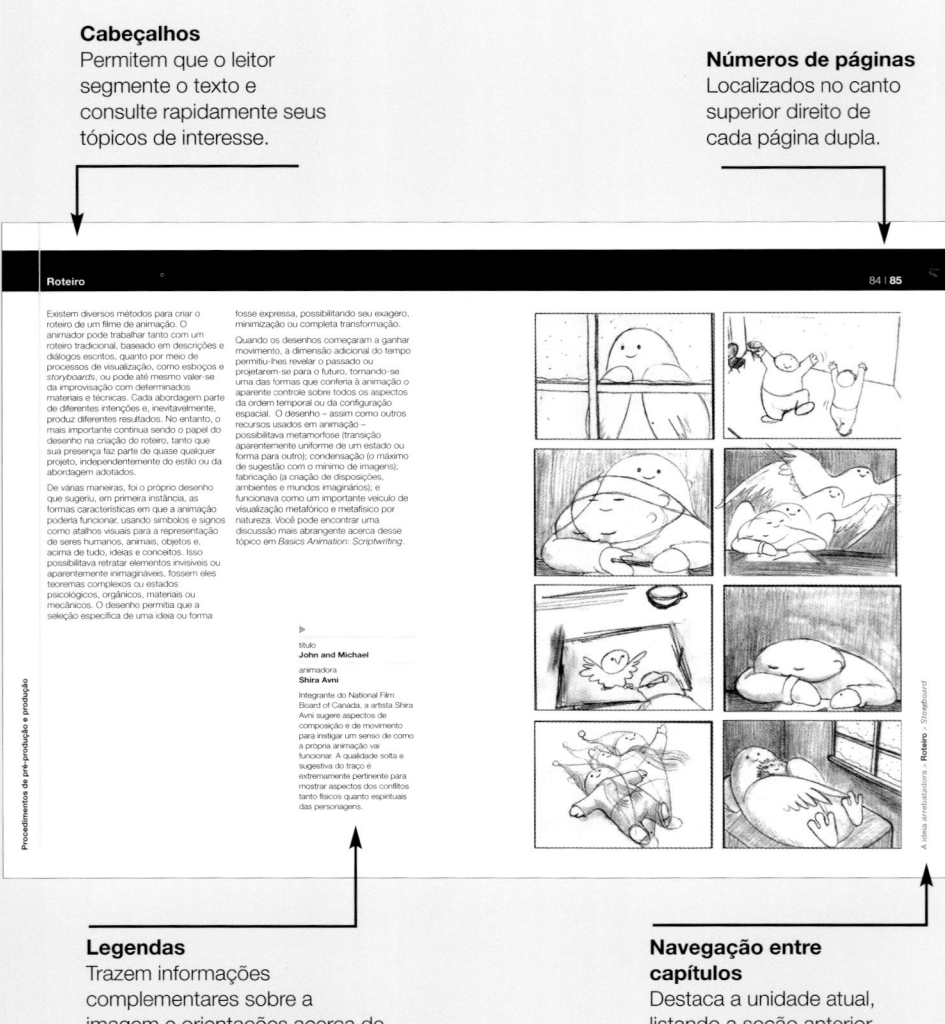

Legendas
Trazem informações complementares sobre a imagem e orientações acerca de como a ilustração ou o contexto histórico devem ser lidos.

Navegação entre capítulos
Destaca a unidade atual, listando a seção anterior e a seguinte.

Ilustrações
Desenhos e imagens adicionais aparecem ao longo do livro para oferecer *insights* e informações que dão suporte ao texto principal.

Glossário
Oferece a definição dos termos-chave destacados no texto principal.

Para refletir
Pontos que buscam resumir, dirigir e dar suporte a abordagens práticas e analíticas específicas.

Pensando o desenho

O processo de desenvolvimento da animação é tão importante quanto a criação final. Ollie Johnson, um dos principais animadores da era de ouro da Disney (1928-42), disse que a animação desenhada à mão está tão envolvida com o pensar sobre o processo quanto com a execução técnica de fases de ação gráfica bem expressas, sentenciando: "Não ilustre palavras ou movimentos mecânicos. Ilustre ideias ou pensamentos, usando atitudes e ações", e acrescentou ainda: "Se possível, crie mudanças definitivas de uma atitude para a outra, alterando o *timing* e a expressão." Essa ideia se refere a visualizar, relembrar, propor uma performance e delinear conceitos, tanto quanto ao desenho em si, e implica que desenhar para qualquer tipo de animação é uma linguagem de expressão complexa. Vamos explorar essa linguagem por meio de um envolvimento com as formas e funções possíveis do desenho.

◄
Esboços para a velha senhora de The Wife of Bath

animadora
Joanna Quinn

Observação

Embora as pessoas de fora do mundo das artes possam ter dificuldade em aceitar, todos os aspectos da existência – aquilo que é intrinsecamente pessoal, particular ou tabu, por exemplo – podem tornar-se o tema da prática criativa, conforme a reflexão de Joanna Quinn:

"Minha avó estava morrendo quando eu estava trabalhando em *The Wife of Bath*. Por isso, a velha senhora é baseada fortemente em minha avó. Sei que isso parece horrível. Ela estava morrendo, definhando. Ela estava realmente muito velha, e eu estava olhando para seu corpo emaciado. O corpo humano me fascina, e porque eu estava olhando para ela, e ao mesmo tempo fazendo esse filme, pude combinar as duas coisas e explorar a ideia de envelhecimento."

O desenho de observação é crucial para a animação, mesmo que o desenho em si não figure no resultado final de um projeto de filme. Não se trata meramente de representar corretamente o que é visto, mas sim de um processo de reconhecimento e registro. A observação é, em essência, o processo de aprender a ver. À medida que aprende a "ver", o observador começa a entender a condição corpórea e material das pessoas e seus ambientes e, depois de "ver", pode processar a observação de três formas:

Jornalística: um ato de reportagem pessoal.

Documental: uma tentativa de capturar a coisa observada da forma mais realística possível.

Experiencial: imbuindo a pessoa ou objeto observado com uma aceitação personalizada dos códigos e convenções de desenho estabelecidos na arte ocidental.

Esses códigos e convenções são, muitas vezes, estabelecidos primeiramente através do desenho de modelo vivo. O desenho de observação, com efeito, diz respeito a desafiar o que podemos (ou achamos) saber sobre uma pessoa ou lugar, desenhando o que realmente está ali, "no momento". No entanto, esse método de desenho quase que inevitavelmente reflete as formas como o artista foi condicionado a "ver", ou ensinado a convencionalmente reconhecer. No desenho de observação, mão, olhos e mente devem estar unidos para expressar o que está realmente ali. Pode ser capturar um gesto – uma ação específica que tem sentido relevante; registrar uma postura – uma forma específica em que o corpo ou forma está situado e deslocado em relação a sua altura e peso; ou um ambiente em sua condição atual – com base no horário e na luz em que ele é visto, e empregando uma escala que leve em consideração a posição da qual o local está sendo visto.

▲▶

Material de *sketchbook*

animadora
Joanna Quinn

Aqui, Joanna Quinn captura a relação imediata das pessoas, animais e figuras para investigar anatomia, postura, detalhes físicos, movimento, relação entre peso, tamanho e espaço, e a percepção do que é corpóreo e material.

Observação

▶
Rio Brazil Café Das Artes

animadora
Joanna Quinn

Esboço de ponto de vista que leva em consideração as formas e os movimentos observados em um café no festival **Anima Mundi**, no Brasil.

Estratégias de observação

O desenho de observação dá ao artista a oportunidade de pensar com calma sobre o que está vendo e perceber como é possível investigar mais a fundo aspectos do mundo material que tomamos como certos.

No desenho a partir de uma experiência direta, o artista não pode meramente descrever a forma; é preciso também analisá-la.

Na observação da figura ou forma, o desenho pode antecipar a animação do movimento e, em última instância, transcender o que é visto para o que pode ser sentido.

Esse tipo de desenho agrega significado àquilo que é comum e rotineiro e, durante o pré-planejamento da animação, desafia os pressupostos e as ortodoxias acerca da figura ou forma.

Por meio de um olhar mais aproximado, o artista tem no desenho de observação uma nova forma de ver o mundo.

Dick Taylor e Bob Godfrey

animadora
Joanna Quinn

Esboço dos veteranos da animação britânica Richard Taylor e Bob Godfrey durante uma conversa. Quinn captura mais que a mera aparência das personagens, incluindo seu humor, expressão e relações.

Anima Mundi é um festival anual de animação realizado no Rio de Janeiro e em São Paulo. O festival atrai um grande público por conta de suas premiações por voto popular e vem expandindo seu portfólio educacional e social em todo o país (www.animamundi.com.br).

Percepção

A percepção pessoal sustenta a forma como observamos, e está ligada ao conhecimento de mundo e à alfabetização visual de cada pessoa. Joanna Quinn fala sobre essa ideia em relação à sua abordagem durante a criação do urso da marca de papel higiênico Charmin:

"Nos comerciais de Charmin, começamos tentando trabalhar com aquilo que faz o urso ser um urso. Quando desenhamos, tomamos como certa a aparência das coisas, não é mesmo? Você acha que já sabe, mas logo se dá conta de que não sabe que aparência a coisa tem! Esse é o reaprendizado, o retorno à coisa original, e a gradual eliminação de elementos, na tentativa de encontrar aquela essência que faz aquilo ser exatamente o que é. Mesmo que eu esteja animando um animal, posso pedir para alguém fazer um movimento e desenhar esse movimento. O que importa é que o esqueleto está ali, você consegue perceber onde o peso está. Com o desenho de observação de modelo vivo, você chega à verdade. Depois, se quiser, pode flexibilizar essa verdade. Até hoje, ainda preciso de uma folha de desenhos de urso definitivos para consulta, porque, em um determinado momento, ele ficou um pouco redondo e a agência perguntou se ele estava mudando. E eu respondi que não, e aí então, é claro, olhei para os desenhos antigos e ele estava realmente mudando! Por isso temos uma folha de referência de personagem para os desenhos."

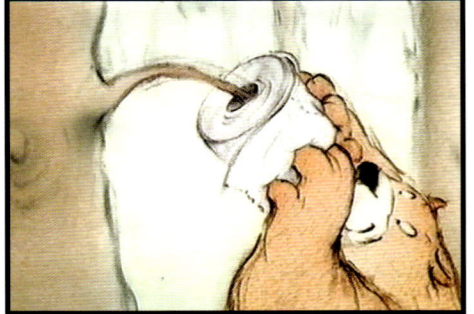

título
Comfy Bed

animadora
Joanna Quinn

O estilo de desenho característico de Joanna Quinn tornou-se a identidade de marca do papel higiênico Charmin. A maciez e tranquilidade expressas no desenho do urso sugerem as mesmas características no produto. Aqui, os rolos de papel higiênico formam uma cama confortável para o urso, cuja cordialidade e charme essencialmente **antropomorfizam** o produto.

título
Beryl

animadora
Joanna Quinn

A personagem central de Joanna Quinn, Beryl, desafia as representações convencionais das pessoas de meia-idade. Beryl é ardentemente viva e obtém grande prazer a partir de sua experiência física e material. Seu corpo e sua sexualidade – um aspecto de identidade muitas vezes negado a quem já passou da juventude – são elementos centrais em seus sonhos e desenhos, desafiando assim os códigos e convenções da animação e do cinema comercial sobre a representação do tema feminino.

Antropomorfizar é atribuir características humanas a animais, objetos e ambientes.

Percepção

A observação de uma pessoa ou lugar é inevitavelmente influenciada pela maneira como é percebida. A percepção do artista é definida por sua formação, conhecimento e contexto, e pelo modo específico em que o tema é imaginado ou lembrado. O reconhecimento, por parte do artista, de sua própria percepção – e não a objetividade relativa da observação – acerca de um tema é o primeiro nível de abstração para capturar o tema usando as convenções estabelecidas da representação realista.

No nível técnico, por exemplo, isso pode estar relacionado à percepção e representação de uma pessoa ou objeto em relação a uma fonte de luz, usando sombra **endotrópica** e **exotrópica**. Isso, por si só, pode determinar o espaço entre o mundo material e o artista, o senso de realidade e o processo em busca da interpretação e expressão artística. Assim como na própria animação final, isso também pode determinar o quanto a animação se propõe a ser um reflexo, uma interpretação (que demonstra e ilustra mais prontamente a sensibilidade, a técnica e a abordagem do artista) ou uma abstração completa da realidade, na qual configurações e convenções caem por terra.

Em filmes, séries ou comerciais animados em que há uma figura ou ambiente recorrente, tradicionalmente utilizam-se **model sheets** para mostrar a personagem ou figura em uma variedade de poses e posições, ou para focar detalhes das expressões faciais. Isso "corrige" a percepção da personagem para que diversos artistas possam desenhá-la e animá-la. É bastante comum – especialmente no caso de figuras icônicas como o Mickey Mouse – que artistas mais individualistas ou radicais desafiem essa percepção "fixa" (e os valores, fatores ideológicos ou significados culturais muitas vezes associados a ela), fazendo uma releitura dessas figuras a partir de diferentes termos estéticos e sociais.

> A observação de uma pessoa ou lugar é inevitavelmente influenciada pela maneira como é percebida. A percepção do artista é definida por sua formação, conhecimento e contexto, e pelo modo específico como o tema é imaginado ou lembrado.
>
> Paul Wells

Sombra endotrópica é o sombreamento que ocorre dentro de uma forma e sobre ela.

Sombra exotrópica é o sombreamento que ocorre externamente, definindo a forma.

Model sheet (character sheet) define as dimensões e a construção do design de uma personagem animada a partir de diversas perspectivas de visualização, e inclui detalhes sobre rosto, mãos, pés etc. Isso permite que vários animadores trabalhem em uma mesma produção, obtendo uma representação uniforme.

A percepção de uma pessoa ou lugar faz parte do alinhamento do pensamento criativo e diz respeito à organização implícita dos sentimentos e das ideias. Esses pensamentos e ideias são influenciados pela memória, tanto de conhecimento aprendido quanto de experiências lembradas.

▲

Model sheet, corrigida (1991)

animador
Ward Kimball

O animador veterano da Disney Ward Kimball brinca com a estrutura do *model sheet*, mas, ao fazer isso, sinaliza uma série de outros estilos de desenho potenciais, retirados de outras fontes. Aqui, Kimball faz referências a Picasso, R. Crumb, Fred Moore, Saul Steinberg e Chuck Jones, além de estilos de filmes de gênero, revista *MAD* e charges políticas, todos refletindo diferentes abordagens de desenho e expressão.

Para entender a percepção

A percepção está, muitas vezes, relacionada à cognição – às vezes precisamos, literalmente, ver para saber. Estar em contato com a própria percepção de mundo é uma ferramenta poderosa no processo de expressá-la por meio do desenho.

A percepção também é um aspecto importante do processo imaginativo, pois todo desenho busca executar fisicamente o que está sendo criado na mente. Qualquer tipo de marcação a lápis – desde um rabisco até uma linha estendida – pode ser a expressão direta de uma linha de pensamento.

A percepção pode muitas vezes chamar a atenção para um *insight* específico por meio do ato de desenhar, em que o imediatismo do lápis sobre o papel pode oferecer uma chance, às vezes não intencional, de rever ou compreender algo.

Observação > **Percepção** > Memória

Memória

As lembranças pessoais são uma grande fonte de inspiração para criar arte, e uma fonte instantânea de expressão visual. É interessante o fato de que, para os artistas, a memória muitas vezes está relacionada às formas como o material atraente ou eficaz já foi expresso em outros tipos de imagens. Joanna Quinn, como todo artista, tem influências significativas em seu trabalho formativo, e reconhece que sentiu-se atraída por um certo grau de realismo e autenticidade, tanto na linha desenhada quanto no conteúdo do material de sua preferência: "Acho que minhas influências não são na verdade influências de animação. Quando pequena, eu gostava de *Tintin*, a tira em quadrinhos de Hergé. A forma como aquilo era desenhado era muito realista. Não era uma fantasia completa.

"Eu nunca entendi muito bem os quadrinhos que eram apenas fantasia... Outra influência foi Daumier. Eu amo o traço dele. É maravilhosamente solto. Se houvesse animação no tempo dele, teria sido um grande animador, com certeza. E Toulouse-Lautrec e Degas, obviamente. Isso me fez perceber que tudo aquilo é baseado na vida real. Deixando de lado o traço, o tema em questão sempre lida com seres humanos e desafios reais. Os desafios da vida. E todos eles envolvem movimento. Trata-se de desenhos e pinturas estáticos, mas o traço contém muito movimento e vida. Acho que foi isso que me atraiu."

O vagão da terceira classe (c.1862-64); **La Clownesse Assise** (c.1886); **Bailarina sentada** (c.1881-83)

artistas
Honoré Daumier; Henri de Toulouse-Lautrec; Edgar Degas

A influência de Degas, Toulouse-Lautrec e Daumier é aparente na obra de Joanna Quinn, no sentido de que todos eles buscam capturar o imediatismo da expressão do corpo "no momento". Isso envolve dois aspectos-chave da memória: em primeiro lugar, a memória consciente, que mobiliza conhecimentos sobre história da arte e técnica; e em segundo lugar, a memória sensorial, que mobiliza as emoções que servem de base para a expressão de movimento e para os prazeres, tensões e complexidades do movimento.

> A animação, em si, é uma cópia física da memória psicológica.
> Paul Wells

Memória

A memória é um fator inerente na construção do desenho, por si só e em relação às formas animadas. Podemos dizer que a animação, em si, é uma cópia física da memória psicológica, não apenas pela forma como o contexto pessoal do animador influencia a aparência da criação final, mas também pelo uso do que o animador experimental Len Lye chamou de "coisas corporais", ou seja, o significado que está no cerne da expressão. O trabalho da maioria dos animadores é influenciado por obras de arte de que eles gostam, e seus próprios desenhos e expressões são um reflexo das formas como essas influências foram absorvidas e, principalmente, das formas como eles encontraram seu próprio estilo. O estilo próprio está relacionado à técnica, mas também às formas como o desenho e a animação permitem ao animador encontrar sentido em suas próprias memórias. As emoções desempenham um papel contínuo na vida de todos, e o desenho ajuda, de certa forma, a ilustrar e definir a emoção, muitas vezes capturando momentos profundos de transição, prazer, dor e revelação. A animação é capaz de aprofundar a vida emocional central do desenho através do exagero e da atenuação, além de expandir sua narrativa intrínseca, embora essa narrativa não precise necessariamente ser uma história.

Em animação, as trajetórias de movimento podem conter sentido e sugestões emotivas que trazem à tona relações simbólicas ou ideias afins e *insights*, que por sua vez narram com eficácia uma visualização ou situação dramática. Muitas animações não têm início, meio e fim, mas são expressões visuais da memória e, embora aludam a histórias e questões maiores, ainda assim funcionam como uma materialização narrativa de um sentimento.

> Quando o espírito não trabalha junto com a mão, não há arte.
>
> Leonardo da Vinci, 1452-1519

Estudos anatômicos, os animadores usam estudos anatômicos de pessoas e animais para ajudar a construir um movimento realista para uma personagem, com base na extensão dos membros, nas proporções de peso, no jeito de andar etc.

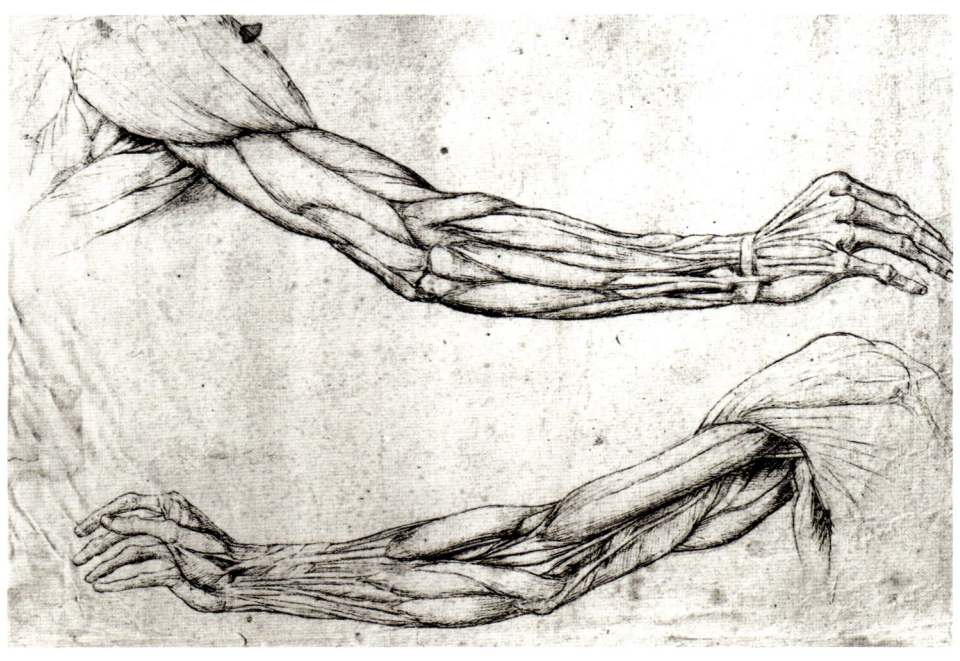

▲

Os músculos do ombro
(c.1510)

artista
Leonardo da Vinci

Este **estudo anatômico** de Leonardo da Vinci se mantém relevante na era moderna, não apenas por sua qualidade artística, mas também por sua abordagem ao desenho de observação e pela importância da forma anatômica em relação ao movimento.

O desenho como memória

O desenho é um método fundamental e direto de registrar o investimento sensorial de um momento. O desenho permanece como um catalisador daquela memória.

O desenho pode ser um valioso assistente de memória para um momento, registrando elementos como lembretes de coisas a serem desenvolvidas e refinadas em desenhos posteriores.

Pensar, analisar e utilizar as memórias pessoais pode ser um recurso fundamental para desenhar.

O uso consciente da memória do que já foi aprendido sobre desenho, associado à observação e análise do desenho de outros, aprimorado com a prática, é um elemento essencial para o desenvolvimento de formas animadas repetidas e sequências de movimentos.

Percepção > **Memória** > Interpretação

Interpretação

É importante, para um artista que trabalha com animação, absorver as ideias e pensamentos-chave por trás da visão original e traduzi-los para a prática da imagem em movimento. O desenho é essencial para permitir que uma ideia possa encontrar sua forma através da visualização. Embora a originalidade seja algo raro, a forma como o material pode ser interpretado e apresentado está no cerne do estilo próprio, da "assinatura" do artista. Joanna Quinn enfatiza:

"Acho que a coisa mais importante é capturar sua ideia inicial no *storyboard*. O que normalmente faço é desenhar os personagens aleatoriamente e, então, traço um quadro ao redor deles; ou então faço um quadro, mas deixo que o desenho extrapole seus limites. Sempre que possível, tento não colocar limitação alguma sobre a ideia inicial e ser o mais livre possível nessa etapa, porque esses primeiros desenhos são os mais cheios de vida e resumem o que estou tentando fazer. Em seguida, amplio cada quadro do *storyboard* em uma fotocopiadora para que ele tenha um tamanho confortável para trabalhar. Depois de capturar o momento e a energia dentro do desenho, olho para ele criticamente, muitas vezes usando o espelho para verificar a perspectiva. Olhar para uma imagem espelhada é como vê-la com um novo olhar. "Faço o máximo para que todos os desenhos-chave sejam tão bons quanto possível antes de seguir em frente."

título
Girls Night Out

animadora
Joanna Quinn

Embora a tira em quadrinhos *Girls Night Out* (1987) (ver página 30) tenha uma imagem do dançarino de *strip-tease*, o filme pode inevitavelmente desenvolver seu número de *strip-tease* e criar uma sequência performática mais arrogante, ao melhor estilo "machão", o que torna a ação de Beryl ao tirar as calças – que na tira é apenas sugerida – ainda mais subversiva e divertida.

título
Girls Night Out

animadora
Joanna Quinn

O estilo de desenho solto e dinâmico de Joanna ilustra com riqueza a resposta libidinosa de Beryl à presença do dançarino de *strip-tease* – seus olhos e óculos literalmente saltam para fora do rosto. Isso também ecoa as influentes "tomadas", nos desenhos animados de Tex Avery, que ilustram reações exageradas a eventos ou circunstâncias específicas em curtas-metragens como *Bad Luck Blackie*, *King-Size Canary* e *Little Rural Riding Hood*.

Interpretação

O desenho pode ajudar no desenvolvimento da narrativa, dos conceitos e da expressão clara de um ponto de vista. Cada desenho é, essencialmente, uma interpretação de algo.

Na criação de uma história, evento, situação ou ambiente, o desenho interpretativo pode demonstrar as qualidades dos materiais, as essências da personagem e uma perspectiva sobre a pessoa ou lugar.

O desenho interpretativo deve buscar uma correspondência com o estilo, a técnica e a forma do tema explorado.

Ele pode ajudar na reflexão e oferecer *insights* sobre uma situação ou contexto.

Interpretação

▲
título
Girls Night Out (tira em quadrinhos)

animadora
Joanna Quinn

Joanna Quinn experimenta com a narrativa visual em sua versão em quadrinhos de *Girls Night Out*, realçando os pontos-chave da narrativa, transições de locação e foco nas personagens, e a ideia de um remate cômico. Todos esses fatores são úteis na visualização e animação do filme.

A interpretação através do desenho é um indicador claro do entendimento do artista acerca de uma forma. No desenho, o artista inevitavelmente irá refletir qualquer objeto através de seu próprio **olhar**. Esse reflexo se baseia na visão do próprio artista, em sua experiência e em seu desejo de representar o objeto para chamar atenção para algo na forma, consolidar uma visão, reinventar a forma, ou para usar a forma visando a um objetivo simbólico ou metafórico específico. Em animação, pode ser útil lembrar as variações na interpretação de certos **animais**, em que as características de cada animal representam diferentes intenções por parte do animador. O Gato Félix é muito diferente de Tom ou de Fritz; Deputy Dawg está muito distante de Scooby-Doo ou de Gromit; o dinossauro Gertie não tem qualquer coisa a ver com os dinossauros em *stop-motion* 3D de Ray Harryhausen ou com os do filme *Parque dos Dinossauros*, de Steven Spielberg.

A interpretação, nesse caso, é essencialmente um ponto de vista: uma forma de compreender e apresentar algo. A visão, o posicionamento e o estilo visual do artista estão imbricados em todas as etapas de um projeto de animação, desde os primeiros esboços, passando por *storyboards* e *model sheets*, até chegar o desenho final para o filme. A interpretação está relacionada às preocupações estéticas e ao desejo de criar um ponto de vista singular.

Joanna Quinn está constantemente envolvida não apenas com o ato de desenhar como também com os objetivos do desenho, e ao longo de sua carreira já utilizou diversos métodos de pesquisa e abordagem ao material. Embora muitos filmes de animação estejam relacionados a obras originadas da história da arte, são as formas populares das histórias ilustradas, narrativas sequenciais em tiras em quadrinhos e narrativas gráficas emergentes que parecem ter a relação mais imediata com o filme de animação.

O trabalho de Winsor McCay como ilustrador e cartunista claramente alimentou seu trabalho como animador, e tiras como Os Sobrinhos do Capitão (*The Katzenjammer Kids*) e Gato Maluco (*Krazy Kat*) estiveram entre as primeiras a servirem de base para desenhos animados. Isso acabou tendo uma grande influência sobre a era contemporânea, com muitos artistas trabalhando tanto com tiras em quadrinhos e narrativas gráficas, em paralelo à animação, frequentemente adaptando uma forma para a outra e utilizando-as como teste para o desenvolvimento ou construção de sequências cômicas. Quinn é influenciada pela construção da tira em quadrinhos e pelas convenções do **desenho animado** americano (também chamado de *cartoon*), mas reconfigura essas formas através de sua própria interpretação.

Olhar é um termo comum tanto em Cinema quanto em História da Arte que pode se referir ao ato interpretativo e criativo de ver, por parte do artista, ou à forma de ver do público – escopofílica, invasiva, controladora, voyeurística etc. O domínio sobre o olhar e sobre o modo de ver pode servir de base para a criação de formas representacionais política e ideologicamente carregadas.

Representação animal, personagens animais que combinam traços humanos e de animais, o que permite uma caracterização mais profunda. Evitando a criação e o envolvimento de figuras humanas, os filmes de animação também podem contornar muitos tabus sociais, religiosos e culturais.

Desenho animado é um termo controverso na indústria da animação, por ter se tornado singularmente associado ao desenho animado americano, o que limita o entendimento da forma. O termo "animação" é preferido, por ser mais prontamente associável a uma variedade de outros estilos e técnicas e à produção de outros países. O desenho que serve de base para a animação é fundamental para caracterizar a forma do desenho animado.

Representação

A representação é, muitas vezes, consequência da interpretação. O conceito adquiriu uma grande importância dentro do campo do desenho, à medida que os artistas buscaram reparar representações equivocadas ou incompletas de certos grupos sociais e culturais nas formas dominantes da mídia. Isso foi o que aconteceu com Joanna Quinn:

"Eu fui ao **Annecy Film Festival** pela primeira vez em 1987. Assisti a filmes maravilhosos, mas também vi alguns terrivelmente sexistas. E tinha gente lá achando aqueles filmes hilariantes, enquanto eu ficava ali sentada pensando em como não acreditava que, ainda hoje, alguém pudesse achar graça naquele tipo de coisa. Na verdade, eu não conseguia acreditar no que estava vendo. E então pensei, Deus do céu, eu tenho, sim, uma responsabilidade de fazer filmes e tentar reparar o equilíbrio. Mais recentemente, acho que minha ideia de homens e mulheres mudou, de certa forma. Agora me parece que ambos os sexos são representados de forma igualmente tridimensional e possível. Quando fiz aqueles primeiros filmes, bem políticos, estava furiosa. Agora tenho 40 anos e percebo que a vida não é tão 'preto e branco', e que, na verdade, tudo é bem complexo. No projeto que estamos desenvolvendo, com Beryl, a gente se diverte muito explorando o marido de Beryl e outros personagens masculinos de forma mais tridimensional. O marido costumava ser um inútil, mas agora se transformou em uma pessoa fantástica que sempre quis ser veterinário, mas nunca teve a chance."

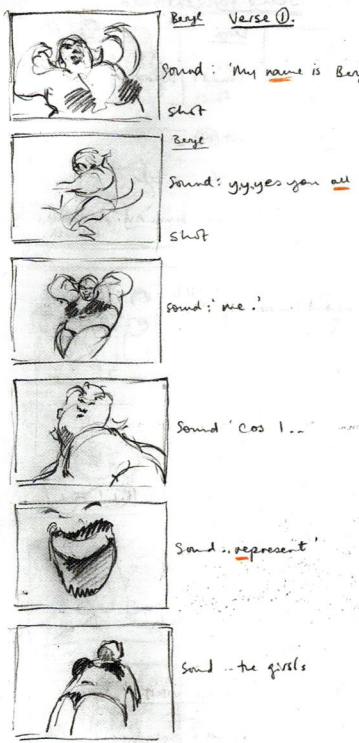

O **Annecy Film Festival**, primeiro e maior festival de animação do mundo, reúne os setores artístico e comercial em uma celebração da animação em todos os seus estilos, técnicas e abordagens, com base em obras históricas e contemporâneas (www.annecy.org).

Nos últimos anos, as obras que serviam de base para os Estudos de Cinema, Mídia e Cultura em relação às leituras ideológicas, políticas e sociais de textos criativos foram adequadamente relacionadas aos filmes de animação. As qualidades definidoras da animação permitem aos artistas criar perspectivas idiossincráticas e altamente pessoais sobre o mundo que são muitas vezes intrinsecamente diferentes da corrente dominante dos filmes hollywoodianos ou das narrativas convencionais em curtas--metragens e na TV aberta. Essas perspectivas muitas vezes levam em conta a abordagem específica de gênero, raça, etnia, geração e identidade social, e desafiam alguns dos estereótipos representados nas narrativas clássica e ortodoxa. A versatilidade da animação enquanto forma ajudou a desafiar questões representacionais. Em *Girls Night Out* (1987), Joanna Quinn inverteu todos os padrões quanto ao modo de ver a mulher estabelecidos pela narrativa hollywoodiana convencional, parodiando essas ideias em um olhar sobre os homens por meio da quarentona Beryl, que adora dançarinos de *strip-tease*.

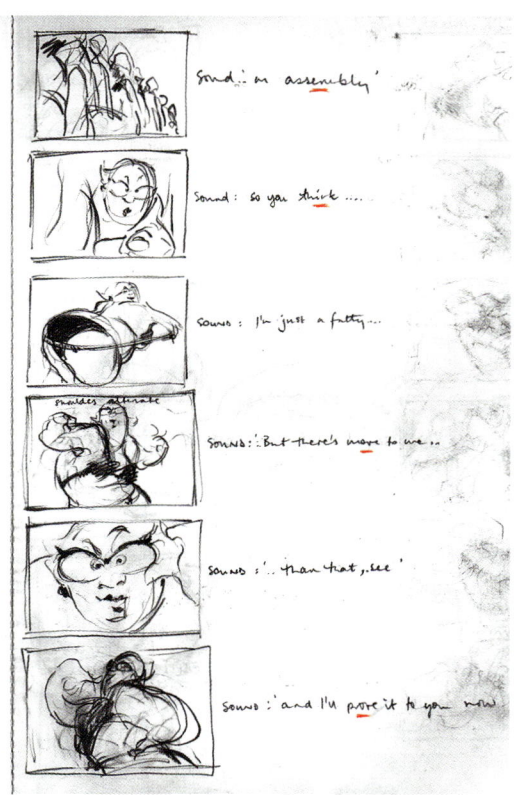

título
Body Beautiful

animadora
Joanna Quinn

Os *storyboards* iniciais de Joanna Quinn para *Body Beautiful* ilustram seu desempenho no concurso, em uma defesa provocadora de sua própria aparência, rejeitando a imagem que é "esperada" das mulheres, principalmente aos olhos dos homens.

Representação

▲
título
Body Beautiful

animadora
Joanna Quinn

Beryl treina para apresentar seu corpo de mulher de meia-idade como desafio à sensibilidade limitada e chauvinista de seu atormentador, o sexista Vince.

Joanna leva isso ainda mais longe em seu filme *Body Beautiful* (1991), no qual Beryl derrota o sexista Vince, calando as críticas de suas colegas de trabalho sobre seu corpo enquanto treina e vence o concurso de "Corpo mais belo" da empresa. O desenho de Joanna Quinn é importante porque radicaliza a percepção do corpo e sua condição representacional. Ao colocar o corpo de Beryl em jogo, Joanna consegue chamar a atenção para todas as questões que orientam o julgamento das pessoas sobre o outro com base na aparência física, às vezes por conta de sua idade e frequentemente pelas expectativas das convenções sociais (e artísticas). O desenho representacional deliberadamente brinca com as convenções e busca desafiar as expectativas, reformulando, representando e reinvestigando as formas como a identidade foi construída.

Representação e resistência

O desenho representacional ecoa as convenções sociais realistas ou estabelecidas no campo do desenho, e ao mesmo tempo desafia essas convenções, por meio de uma reestruturação estética e/ou do conteúdo específico da imagem.

Este estilo de desenho representacional parte do princípio de que as convenções políticas ou ideológicas foram, em alguns casos, embutidas em um estilo de desenho específico, e são usadas para reforçar esses princípios ou para desafiar, rever ou subvertê-los de alguma forma.

O desenho representacional é muitas vezes a "norma" em animação, porque a maioria das animações está desafiando as convenções do realismo em um nível e a ortodoxia social e cultural em outro.

Interpretação > Representação > Imitação

Imitação

Muitos artistas começam imitando as coisas que gostam e admiram, ou aquilo que reconhecem ao seu redor. Essa imitação surge de uma referência inicial a figuras e contextos do mundo real, e é muitas vezes adaptada e desenvolvida por meio de processos de reinterpretação e reposicionamento. Joanna Quinn observa o seguinte: "Eu utilizo referências fotográficas. Se estou desenhando uma personagem específica, saio em busca dessa personagem, ou tento descobrir que tipo de cabelo ela teria, que tipo de roupas vestiria. Assim, quando estou andando na rua, há a chance de eu ver alguém e pensar 'é isso', e então volto e faço um desenho de alguém com um determinado tipo de cabelo crespo, por exemplo. Ou seja, o que você faz é juntar as peças, como em um quebra-cabeça."

Materiais de referência fotográfica

animadora
Joanna Quinn

Joanna Quinn usa referências fotográficas para ajudar a determinar as características do lugar onde Beryl vive, usando os sobrados na ladeira como um desafio físico que Beryl encontra em seu caminho, a pé, para casa. A fábrica é caracterizada como um modelo de ambiente de trabalho moderno, administrado e mantido por estrangeiros. As imagens sugerem também aspectos de família, classe, economia, história e comunidade.

Inevitavelmente, além de usar recursos específicos para servir de base para o trabalho de desenho, outros aspectos observacionais também são empregados. A compreensão plena de uma personagem através do desenho muitas vezes requer certo grau de imitação. Isso não deve ser encarado como cópia, porque o artista sempre tem o poder de usar, refinar e retrabalhar a fonte inicial; a imitação pode ser empregada de diversas formas, observando-se estilo, técnica, conteúdo, estrutura etc. As referências fotográficas podem ser especialmente importantes, por exemplo, em relação aos ambientes, no sentido de que um lugar específico pode evocar uma determinada atmosfera, criar um contexto histórico, um cenário onde a ação ocorrerá, ou tornar-se um espaço físico que pode praticamente assumir o papel de uma outra personagem. Da mesma forma, a imitação de um estilo, personagem ou lugar conhecido – prontamente evidenciada no trabalho de Gerrit van Dijk, que veremos mais adiante nesta discussão – pode ser um atalho para transmitir, por exemplo, uma ideia, época, preocupação autobiográfica, indicador de prazer ou dor, e oferecer um aspecto de comodidade e experiência compartilhada ao público.

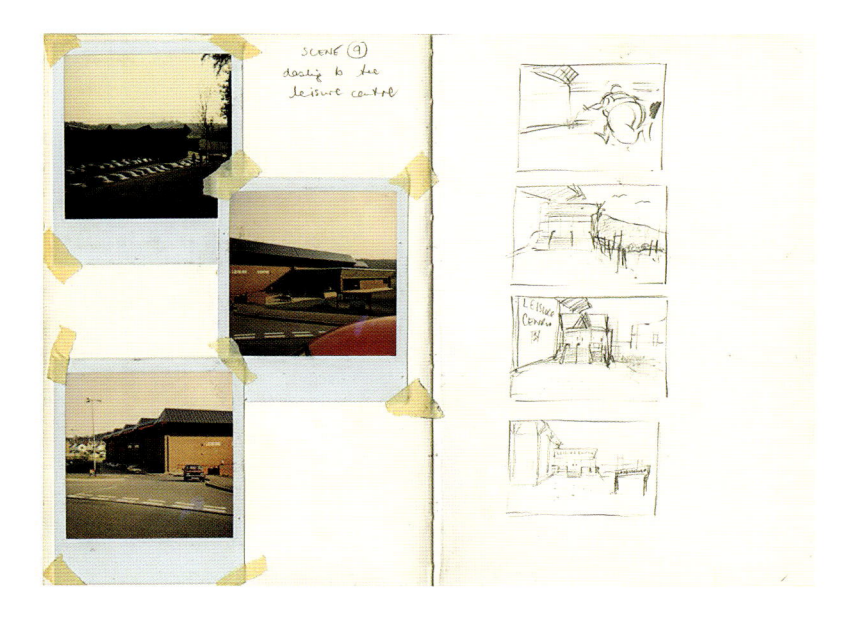

Imitação

A imitação, ou desenho imitativo, também pode sugerir gêneros específicos. Dentro da própria animação, isso muitas vezes significa a adoção ou rejeição do estilo hiper-realista da Disney. Países em todo o mundo inicialmente apropriaram-se da estética e do modelo industrial Disney como sendo o que havia de mais avançado, mas subsequentemente buscaram em estilos de desenho locais uma forma de desafiar e substituir o estilo Disney. Na China, por exemplo, o Shanghai Studios usava suas próprias abordagens caligráficas; no Japão, foi a vez das construções visuais de Hokusai, dos pintores de **Ukiyo-e** e da arte erótica; e o fenômeno atingiu até mesmo a Grã-Bretanha, onde os retratos, a **caricatura satírica** e a arte moderna passaram a caracterizar as obras. Essas abordagens, por sua vez, tornaram-se a tradição própria de cada nação, e foram imitadas nas obras dos artistas que vieram a seguir.

▲▶

título
Britannia (1993);
John Bull's Progress (1793)

animadora/artista
Joanna Quinn/James Gillray

Em seu filme *Britannia*, Quinn se inspira na tradição da caricatura satírica britânica – representada na página ao lado pela obra de James Gillray – para revisitar o buldogue inglês, que integra a representação ilustrada da Grã-Bretanha em periódicos como *Punch* e *Illustrated London News*, assim como nos filmes de propaganda da Primeira Guerra Mundial. Quinn imita e reformula esse modelo de caricatura para criticar a exploração praticada pela Grã-Bretanha durante seu período imperial.

Imitação como investigação e questionamento

O desenho imitativo não é uma cópia, e sim um comprometimento com um estilo estabelecido, com propósitos investigativos e interpretativos.

Ele pode conter referências claras a figuras, lugares ou estilos representacionais estabelecidos como um atalho para a significação e a comunicação.

É às vezes a forma mais rápida de disponibilizar para o público certas ideias, pensamentos e sensações, que podem induzir a processos interativos ou educacionais.

> O desenho imitativo pode também sugerir gêneros específicos. Dentro da própria animação, isso muitas vezes significa a adoção ou rejeição do estilo hiper-realista da Disney.
>
> Paul Wells

Ukiyo-e, a arte Ukiyo-e (que se traduz literalmente como "imagens do mundo flutuante") se originou na Tóquio da era xogum e celebrava os prazeres culturais urbanos. Hokusai, o mais célebre dos artistas da Ukiyo-e, integrou em sua obra um tipo de atmosfera mais pastoral e idílica.

Caricatura satírica é um cartum político que traz *insights* e sátiras sobre figuras e instituições políticas e culturais.

Experimentação

O desenho é um modelo de expressão tão flexível que permite todos os tipos de abordagens e incentiva uma rica diversidade de experimentações e aventuras no desenvolvimento de um trabalho. Joanna Quinn pondera:

"Com o passar dos anos, aprendi a ter confiança em meu desenho. Quando começo a desenhar, já sei o que quero fazer, mais deixo que o traço me leve para outras direções para criar formas em que eu não havia pensado, especialmente em se tratando da figura humana. Adoro encontrar maneiras diferentes de inclinar a cabeça para trás ou torcer o tórax usando apenas o traço para sentir a forma. De repente, eu vejo algo dinâmico e resolvo reforçar um pouco o traço. É por isso que meus desenhos têm tantos traços, e é também por isso que eu não gosto de apagá-los. Isso mostra minha exploração do traço, meu prazer com o desenho a lápis. É comum eu ter a sensação de que não estou no controle de minha mão, de que alguma outra força está me guiando, o que é provavelmente uma sensação comum entre artistas que se sentem totalmente confortáveis com uma técnica específica. Meus desenhos são muito soltos, mas também muito bem pensados, e por isso eu me adapto tão bem à animação, porque a animação tem tudo a ver com um catatau de desenhos e muita solução de problemas."

▶
Cavaleiro em seu cavalo em The Wife of Bath

animadora
Joanna Quinn

Joanna desenvolve seu senso de movimento retratando um cavalo em um ângulo incomum.

Imitação > **Experimentação**

Experimentação

Tanto em formas figurativas quanto **abstratas**, a experimentação é uma exigência absoluta para o desenho e, em termos de animação, tem diversas consequências. Primeiramente, ela é parte essencial do desenvolvimento de processos mentais embrionários, e ajuda a desenvolver os termos e as condições da invenção. Em segundo lugar, ela facilita o processo de chamada e resposta do artista, que está intuitivamente desenhando a lápis, mas ao mesmo tempo passando por um processo de avaliação e revisão imediata enquanto desenha. Em terceiro lugar, a experimentação permite um processo de repetição, seleção, refinamento e prática à medida que as ideias, percepções e memórias são exploradas. O desenho está em formação e transformação, traduzindo ideias para marcações de interpretação e expressão pessoal.

Em última análise, esse tipo de desenho é pura oportunidade, sem os entraves de necessidades ou objetivos específicos, e no entanto é capaz de oferecer um modelo para todos os tipos de abordagens de solução de problemas. O desenho experimental pode ser levado a cabo usando diferentes mídias e ferramentas, e pode funcionar dentro de diversos contextos e prazos. Ele pode ainda ser um veículo para explorar o material com um espírito de experimentação e seleção, de modo que um vocabulário de conhecimento é construído e, a partir desse vocabulário, é possível fazer escolhas durante o ato de uma prática mais específica. Esse tipo de trabalho permite e incentiva a inspiração e o desenvolvimento de um estilo pessoal. Não chega a ser surpresa o fato de que isso está no cerne do trabalho em *sketchbooks*, e de que o desenho experimental é uma forma extremamente benéfica de expressar e investigar fantasias, ansiedades, preocupações, influências, anedotas e emoções.

> O desenho experimental não é estanque, nem está sujeito aos rigores do sucesso e do fracasso. Tudo está relacionado ao processo de tentativa e erro; as coisas surgem de ideias e conceitos inesperados, surpreendentes, formando-se a partir de rabiscos, esboços e imagens justapostas.
>
> Paul Wells

Abstrato é o desenho não linear, não objetivo, puramente abstrato, que investiga formas, formatos e cores sem uma meta específica em mente e, por isso mesmo, tem importância considerável em animação.

título
The Wife of Bath

animadora
Joanna Quinn

Joanna retrata investidas libidinosas e trocas emocionais em *The Wife of Bath*.

Expressão experimental

O desenho experimental incentiva a pesquisa e a investigação pessoais no desenvolvimento de um estilo e modo de expressão próprios.

A experimentação é o aspecto mais livre do desenho: não há regras, convenções ou temas, o artista é livre para descobrir esses aspectos, bem como sua abordagem pessoal de cada um deles, em termos de técnica, estética e temática.

Imitação > **Experimentação**

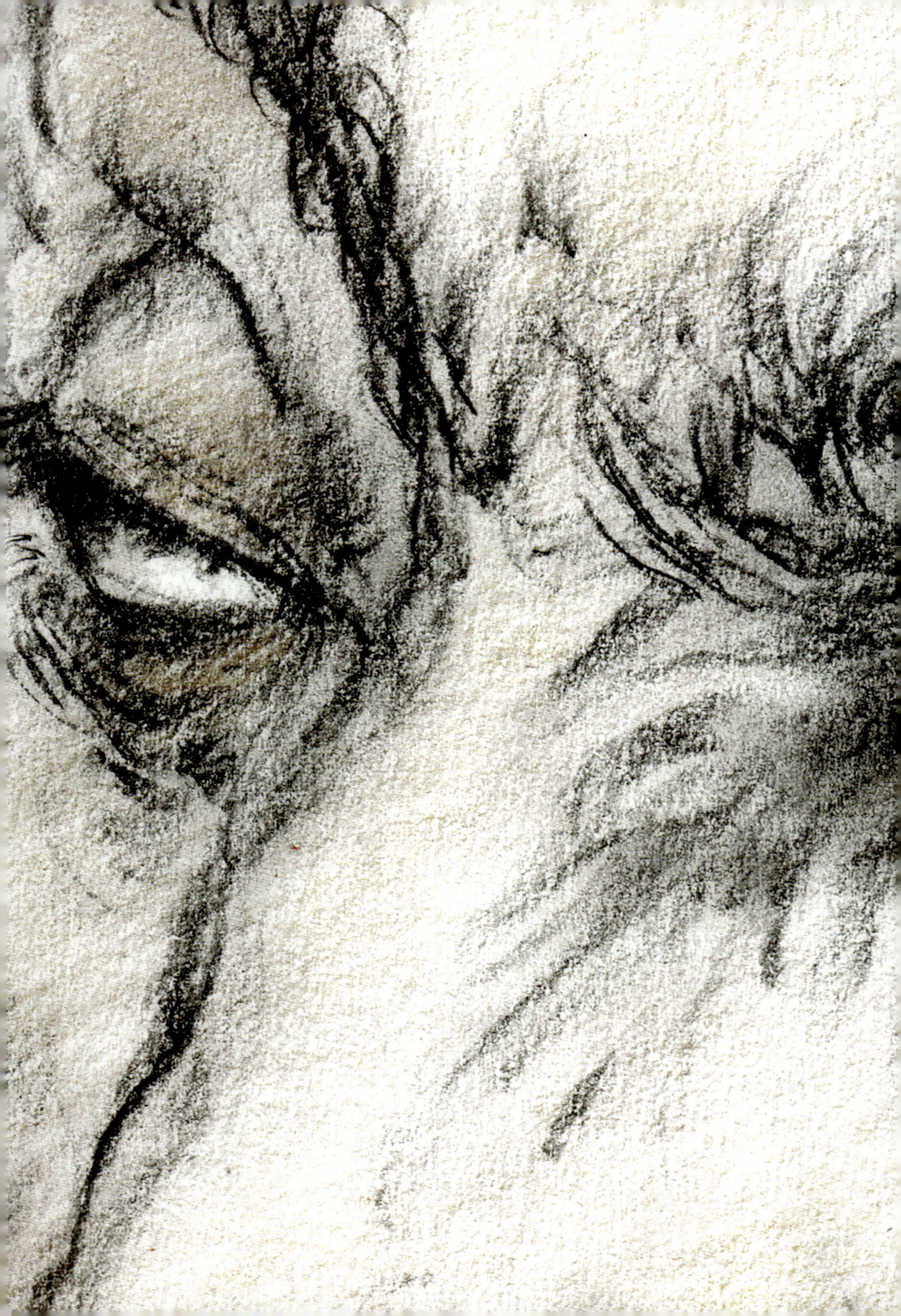

Prática

A técnica da prática está imbricada no modo como qualquer objeto pode ser visualizado adequadamente. Trabalhar em 2D permite o maior grau de flexibilidade possível na concepção do material, desde a abstração completa até a configuração realística do corpo e do ambiente. Como já enfatizamos antes, no entanto, essas abordagens podem operar como modelo de pré-visualização para outros métodos e desenvolvimentos.

Além disso, vale mencionar que, nesse sentido, o desenho se mantém como um meio sugestivo e potencialmente simbólico, podendo representar algo usando uma só linha ou construir uma forma específica a partir de uma confluência de linhas.

No contexto desta discussão, a prática torna-se também uma tradução e adaptação de todos os comprometimentos psicológicos e técnicos abordados no capítulo anterior.

O modelo da animação clássica foi concebido pela Disney durante sua "era de ouro", e estabeleceu todas as técnicas para formas animadas processadas totalmente em 2D, que sobrevivem até hoje. Embora algumas pessoas acreditem na "morte do 2D", com o impacto da computação gráfica em 3D como linguagem dominante dos longas-metragens de animação, é evidente que a animação em 2D sempre terá um futuro, e que o desenho sempre servirá de base para a produção da maioria das abordagens à animação.

◄

title
The Wife of Bath

animadora
Joanna Quinn

Composição e perspectiva

Toda ênfase é pouca em se tratando da importância da observação para o desenho de animação, pois é essencial praticar o desenho de modelo vivo, e não o desenho a partir de uma imaginação que já teria sido impregnada pelas formas estabelecidas das imagens. Isso leva, inevitavelmente, a uma encenação mais eficaz da ação, na qual a caracterização é obtida a partir de indicadores dentro da forma visual: o conceito de que a animação dramatiza predominantemente por meio do movimento, e não dos diálogos, permanece fundamental. O animador deve "se apresentar" pelo ato de desenhar, que deve, em si, revelar os motivos e consequências da personagem, da forma, do traço ou da forma em movimento. Isso, naturalmente, foi o que levou ao desenvolvimento dos princípios básicos da animação (ver glossário abaixo).

No entanto, embora esses princípios ainda sejam essenciais para um resultado bem-sucedido, eles não devem inibir a expressão criativa que reside em trabalhar com rapidez e liberdade, retrabalhando os desenhos.

▼

Anúncio para Whiskas

artista
Joanna Quinn

A primeira imagem mostra um alto grau de **antecipação**, uma vez que sinaliza adequadamente a natureza do salto pretendido. A imagem do salto, em si, mostra **ação e reação** por parte dos dois gatos, e a última imagem é claramente um indicador de **peso e velocidade** de um gato bem alimentado.

Antecipação é um modelo de significação do movimento que virá a seguir. Antes de mover-se em uma direção, uma figura ou objeto faz um movimento de recuo na direção oposta, prefigurando de forma eficaz o movimento e oferecendo sua maior clareza e ênfase.

Ação e reação, em animação, grande parte da ação é de alguma forma caricaturada ou exagerada como um "evento" claro que gera uma reação. A ação primária geralmente consiste em movimentos de avanço desempenhados pelo corpo inteiro, ao passo que a ação secundária é geralmente o efeito sobre partes específicas do corpo ou sobre outras figuras e objetos no ambiente, o que muitas vezes requer uma reação equivalente e oposta.

Peso e velocidade, o peso dita a velocidade: personagens maiores tendem a se mover mais lentamente, e sua postura é mais afetada por seu peso, ao passo que personagens mais baixas e/ou magras tendem a se mover mais rapidamente.

Aprendendo a desenhar

Esta é a abordagem de Joanna Quinn ao aprendizado do desenho:

"As crianças muito jovens desenham a partir de sua imaginação, mas lá pelos oito ou nove anos de idade já possuem um conhecimento sofisticado da física do mundo ao seu redor, e desenham a partir dos fatos. Elas usam símbolos para representar objetos; por exemplo, um homem com uma coroa na cabeça é um rei. Nesse estágio, os dois hemisférios do cérebro entram em ação: o lado esquerdo está associado à lógica e à precisão, e o lado direito à criatividade.

É aí que a batalha começa: a lógica interfere na criatividade, e é comum que artistas em potencial tornem-se excessivamente críticos em relação à criatividade pessoal. É geralmente nesse momento que as pessoas param de desenvolver seu lado criativo, e são socialmente ensinadas a ver a criatividade e a arte como domínio dos especialistas. Se você olhar para o desenho de um executivo aposentado, ele será curiosamente semelhante ao desenho de uma criança de oito anos."

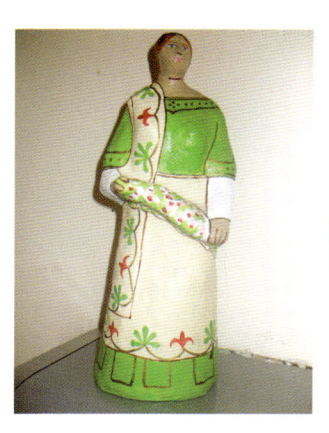

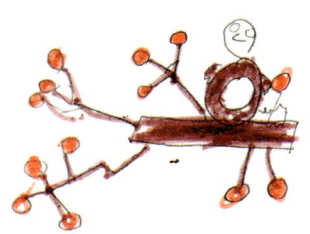

Estilos iniciais de desenho

Na primeira imagem, Lola Wells, uma criança de seis anos, desenha a boneca com ênfase especial na cor e nas flores, enquanto, na segunda, o cartão de Natal concentra a atenção nos galhos da árvore e não no pássaro. Isso reflete uma percepção e preferência específicas no registro da imagem, que tempera o realismo com o autoral.

Composição e perspectiva

A perspectiva é um bom exemplo do conflito entre os hemisférios esquerdo e direito do cérebro, e da razão pela qual tantas pessoas têm dificuldade em representá-la. Se você desenhar uma mesa em perspectiva, os pés mais distantes serão um pouco mais curtos, mas o lado lógico do cérebro (o esquerdo) tentará evitar que você desenhe isso, por saber que todos os pés da mesa devem ter o mesmo comprimento para que a mesa funcione. É por isso que a raça humana precisa aprender a desenhar. É importante permitir que o lado direito do cérebro domine o esquerdo, o que significa ver as coisas como formas tridimensionais e desenhar a partir da observação, e não a partir de símbolos.

Por exemplo, no desenho de modelo vivo, é essencial olhar adequadamente para o corpo como forma tridimensional sem associações ou ideias preconcebidas. A ideia imaginada do que é uma pessoa, ou de como ela deve ser, deve ser combatida para evitar pressupostos como "os braços estão curtos demais" ou "as pernas estão muito compridas". É absolutamente vital olhar para o modelo como uma forma e não como uma pessoa, evitando assim os julgamentos e ideias preconcebidas acerca da aparência "correta" ou "incorreta" de seu desenho. A concentração do desenho de modelo vivo sobre aquilo que chamamos **espaço negativo** sugere sua relevância no desenvolvimento de um animador.

▶
Proporções anatômicas

artista
Peter Parr

Estes desenhos de modelo vivo utilizam luz e sombra, bem como espaço positivo e negativo, para definir a forma e a postura do corpo. Os contornos do corpo são definidos por convenções de cor. Ambas as imagens levam em consideração as proporções anatômicas em relação ao ângulo e à posição da figura.

Espaço negativo é a área de uma imagem que não é ocupada por uma forma ou formato definitivos, mas que ajuda a dar sentido à figura em primeiro plano. O espaço negativo pode ser o plano de fundo, mas na maioria dos casos este se consiste em uma sombra.

Prática

Desenho de modelo vivo em 30 minutos de Joanna Quinn

"Para ajudar a medir as distâncias entre as curvas e formas internas, atribuí a elas letras de A a H e colori o espaço negativo sempre que possível, para que os contornos ao redor fossem desenhados como linhas, de modo a definir o padrão interno em vez de representar a figura. Isso ajuda a ver a figura como um contorno abstrato e não como uma forma, o que é essencial para desenhar uma figura escorçada, já que o hemisfério esquerdo do cérebro entra em parafuso!

Também desenhei algumas linhas imaginárias que indicam a forma de medição. Por exemplo, a linha D mede o comprimento do corpo. DA é o topo da cabeça e DC está alinhada com a extremidade dos dedos do pé. Na metade do caminho temos DB, por isso vou incluir o desenho dessa área da perna. Agora posso usar esse ponto para medir o corpo de CC a BC. Todas essas referências são cruzadas e medidas em relação às outras – isso impede que você use o lado esquerdo do cérebro para fazer julgamentos acerca de onde você acha que cada parte deveria estar!"

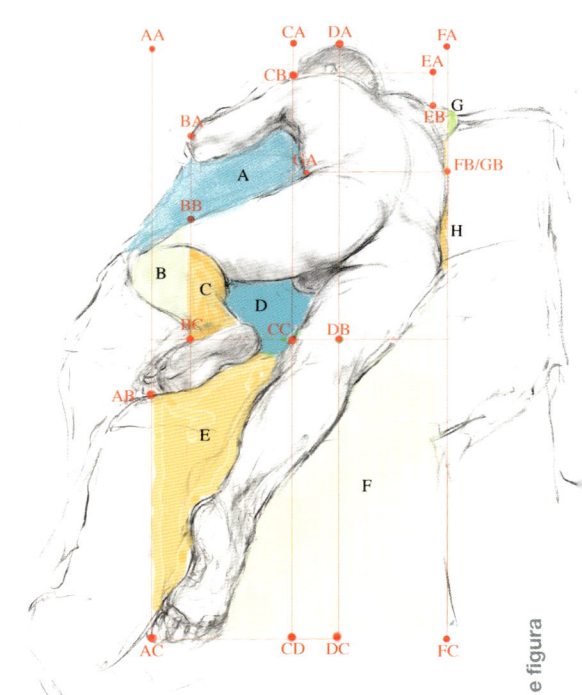

> Toda ênfase é pouca em se tratando da importância da observação para o desenho de animação, pois é essencial praticar o desenho de modelo vivo, e não o desenho a partir de uma imaginação que já teria sido impregnada pelas formas estabelecidas das imagens.
>
> Joanna Quinn

Desenho de modelo vivo e figura

A abordagem de Joanna Quinn à animação do movimento humano

"A regra de ouro é a seguinte: ao desenhar uma personagem desempenhando uma ação, é fundamental estudar a ação antes de iniciar o processo de animação, e não depois de já ter filmado, quando está olhando para o movimento no momento. Use um modelo vivo ou um espelho, e siga estas regras:

▶ Antes de colocar o lápis sobre o papel, peça ao modelo para repetir continuamente o movimento e olhe para a ação completa várias vezes, tentando seguir o percurso das partes individuais do corpo. Em outras palavras, olhe para a cabeça, para cada braço, perna, mão e pé, para os quadris e para os ombros. Quando você acreditar que tem uma boa compreensão do movimento, decida onde acha que as posições-chave estão localizadas, ou seja, os pontos em que o modelo mudou de direção. Quando achar que já sabe quais são as posições principais, peça para que o modelo pare nessas posições no meio do movimento e 'congele' na pose enquanto você faz alguns desenhos rápidos.

▶ É importante fazer esses desenhos rapidamente, pois o cérebro só irá buscar informações relevantes quando tiver um limite de tempo. Pense e, se possível, converse sobre a função da intuição no registro de movimentos. Usar um lápis macio em vez de caneta e fazer os esboços em folhas de papel grandes ajuda a acelerar o processo de desenho. Considere também a possibilidade de acrescentar anotações escritas para acompanhar os desenhos.

▶ Uma vez que os **key frames** tiverem sido desenhados, dê uma olhada na folha para verificar se todos os desenhos fazem sentido. Você é capaz de traçar os percursos? O posicionamento dos pés está claro? Caso haja um passo, ele é mostrado com clareza? Peça ao modelo para realizar novamente a ação, e verifique se seus desenhos e anotações contêm todas as informações necessárias.

◀

Dançarinos de Morris

artista
Peter Parr

Peter Parr captura a natureza ritualística do movimento nos estilos folclóricos dos dançarinos de Morris. As linhas são utilizadas não para construir um corpo, e sim uma figura em movimento. Esta é uma expressão impressionista da ação, uma vez que os detalhes se concentram no movimento, na presença física e na identidade da figura.

▶ Posicione uma linha central imaginária sobre a figura, e observe a distribuição de peso e o equilíbrio ao redor dessa linha.

▶ Desenhe o percurso da forma em movimento – isso efetivamente funciona como uma linha de ação dentro da figura.

▶ Preste muita atenção à posição dos pés; isso é importante para a percepção de equilíbrio e de postura, além de ajudar a identificar as posições-chave pelas quais o corpo passou. Às vezes, os pés permanecem estáticos em um movimento, mas facilitam a força com a qual o movimento é executado.

▶ Verifique constantemente se há, em cada uma das poses-chave identificadas, um forte envolvimento com distribuição de peso, equilíbrio do corpo e um claro reconhecimento da relação entre ombros, quadris e cabeça. Os quadris muitas vezes trabalham em oposição aos ombros.

▶ Use linhas mais pesadas para mostrar onde o peso está.

▶ Uma vez que os *key frames* estejam prontos, peça ao modelo para executar novamente a ação e use um cronômetro para registrar o tempo desta. Caso a ação dure dois segundos e haja cinco desenhos-chave, você saberá (aproximadamente) que há cinco desenhos entre cada um dos desenhos-chave (trabalhando em dois quadros por desenho). Essa é uma forma elementar de trabalhar com o tempo, mas é um bom ponto de partida."

Key frame é o quadro que sinaliza o ponto de início e fim, além de outros pontos significativos de mudança estrutural que compõem um movimento coreografado, que deve então ser interpolado com desenhos intermediários para criar uma sequência plenamente animada.

Desenho de modelo vivo e figura

Os estudos iniciais usando um modelo vivo (ver página anterior) permitem ao animador avançar rapidamente no processo: eles podem ser redesenhados sobre papel perfurado para se tornarem as posições-chave. O animador pode, então, trabalhar diretamente a partir dos estudos e do material de referência da imagem em movimento que foi registrado. Os desenhos intermediários (*in-betweens*) podem ser feitos da forma convencional, usando uma mesa de luz e a imaginação do animador. No entanto, continua sendo importante que o desenho se mantenha solto e rápido. O processo, então, passa a ser o de avançar, de pose-chave a pose-chave, mantendo os pés sempre no chão, a não ser que eles deliberadamente deem um passo ou façam uma curva.

Nas abordagens tradicionais à animação com desenhos, as poses-chave e os desenhos "intermediários" podem ser examinados virando rapidamente as folhas de papel ou fotografando cada desenho com uma câmera fixa (*line tester*) para verificar se a animação está produzindo um movimento convincente e uniforme. Esse processo é uma excelente forma de verificar a sincronização geral e de identificar locais onde é necessária uma pausa mais longa ou maior velocidade. A maioria dos softwares de captura de imagem ou edição de vídeo permite que você ajuste o tempo pelo qual cada desenho aparece na tela, de modo que saiba quantos desenhos ainda são necessários ou quais devem ser descartados.

A sequência de desenhos deve ser retrabalhada várias vezes até que esteja completa – por isso é essencial trabalhar com rapidez, sem se concentrar demais no acabamento dos desenhos. Isso cria um modelo de movimento bem-sucedido, mas não dramatiza o movimento por meio de antecipação, caracterização ou efeitos coreográficos que imbuem o movimento de energia, ação, propósito e significado.

Neste momento, é importante reconhecer que um animador deve compreender a relevância de usar o desenho de modelo vivo, mas também adotar as convenções da prática de animação que se tornaram os truques da profissão. A observação é essencial, mesmo quando são utilizados os processos estabelecidos de construção de personagem; tome cuidado com alguns métodos que produzem uma falsa energia e não criam resultados convincentes.

Os animadores geralmente utilizam sua abordagem aos *walk cycles*, um dos fundamentos da prática de animação, para obter resultados convincentes. Ironicamente, um *walk cycle* básico (ver pág. 58-59) é um exercício de animação que não requer qualquer observação, por ser essencialmente técnico. Ele só se torna observacional de fato quando acrescentamos emoção.

▶

Poses-chave

artista
Joanna Quinn

Desenho de modelo vivo demonstrando poses-chave opostas.

◀

**Imagem escorçada
de figura**

artista
Joanna Quinn

A figura está em estado de repouso, mas ainda há uma energia na postura que sugere o próximo movimento, ou uma possível reação a uma mudança na situação. Capturar a consciência no desenho é essencial para uma boa caracterização.

Desenho de modelo vivo e figura

Partes do corpo

O corpo é uma forma complexa e dinâmica e, quando ilustrado, pode ser concebido de diversas formas. O desenho de animação pode inevitavelmente se ocupar da forma do corpo em relação ao movimento, e se interessar menos pelos detalhes ou, com efeito, pela variedade de posturas ou posições que o quadro físico pode ocupar. Estes estudos de Kimberley Rice revelam a utilidade de cultivar um olhar para perspectivas incomuns e esboços mais detalhados de aspectos potencialmente negligenciados da forma corporal.

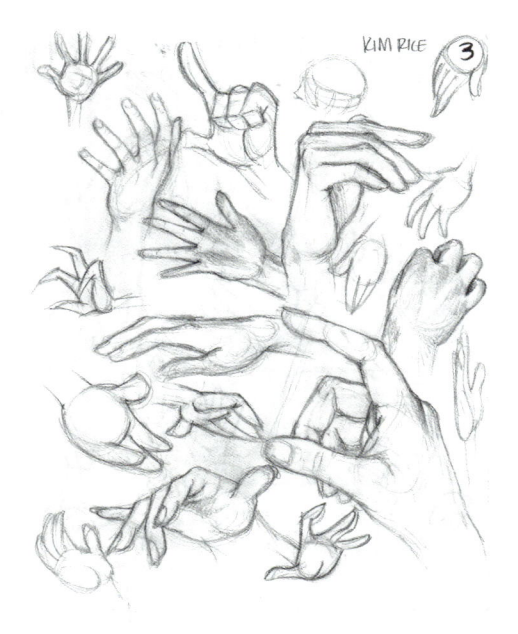

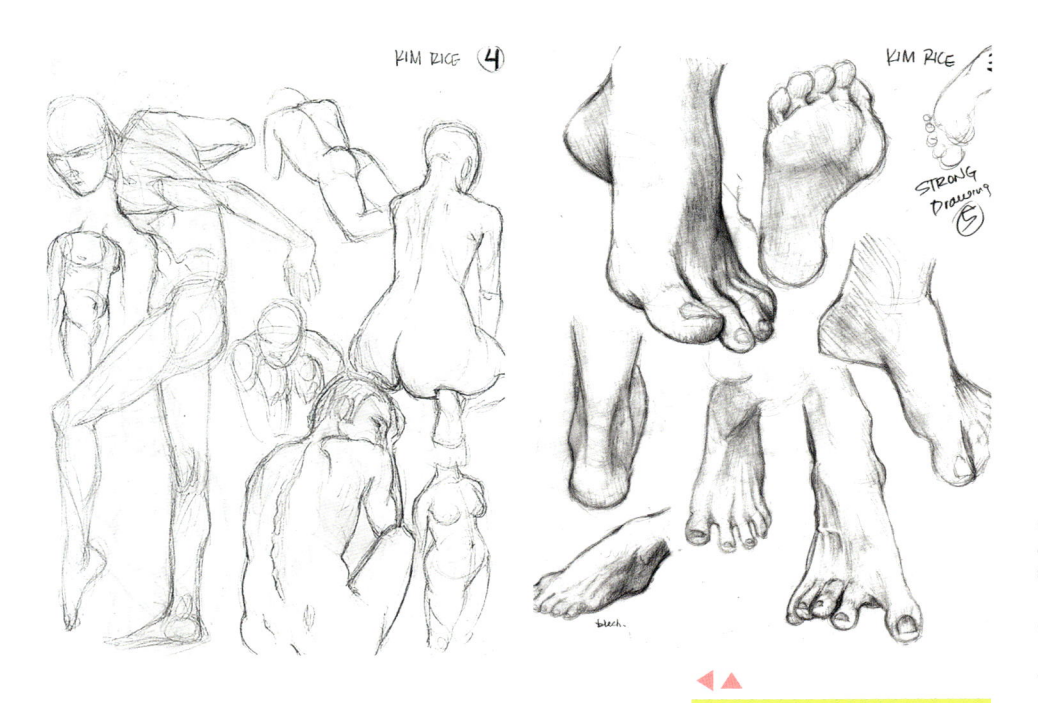

Estudos de rosto

artista
Peter Parr

É importante estudar e explorar o envolvimento facial de diversos ângulos, uma vez que o rosto humano sempre pode expressar diferentes significados a partir de diferentes perspectivas.

Detalhes de partes do corpo

artista
Kimberley Rice

Kimberley Rice captura as posturas e perspectivas mais incomuns ou menos percebidas da forma humana. Isso é essencial para o entendimento da gama de movimentos dinâmicos do corpo humano e de sua capacidade de configurar-se em uma variedade de formas complexas.

Movimento e dinâmica

Um animador deve reaprender coisas que costumam ser feitas por instinto. Cada movimento aparentemente simples deve ser analisado nos menores detalhes em busca de suas complexidades implícitas. Como é que uma pessoa se levanta? Caminha? Anda de bicicleta? Essas ações são tão simples e fáceis que, depois de aprendê-las, nunca mais pensamos sobre elas – mas ainda assim é importante para o animador levar em consideração o que serve de base para essas ações, e o que estava sendo aprendido. Essencialmente, os aspectos centrais que devem ser compreendidos são os princípios da gravidade e da importância do equilíbrio.

A gravidade puxa a forma humana para baixo. O simples ato de levantar-se é uma luta contra a gravidade; nosso estado natural seria ficarmos estatelados no chão. Para manter uma posição ereta, os seres humanos precisam utilizar a musculatura adequada para manter o equilíbrio, e, na maior parte do tempo, fazemos isso de forma inconsciente. Os bebês aprendem a levantar e a caminhar por tentativa e erro, da mesma forma como aprendemos a andar de bicicleta intuitivamente por uma combinação de equilíbrio, direção e impulso dos pedais.

Tradução da figura

Cabeça para trás, acima dos ombros.

Pernas curvadas para trás, dando a sensação de musculatura tensionada e propósito.

Cabeça para baixo, afundada nos ombros, demonstra falta de propósito.

Pernas curvadas para a frente, dando a sensação de musculatura relaxada e movimento "desengonçado".

Direção da linha e postura

artista
Joanna Quinn

Joanna aponta os imperativos posturais e emocionais em relação à caminhada.

Head tilted up above the shoulders

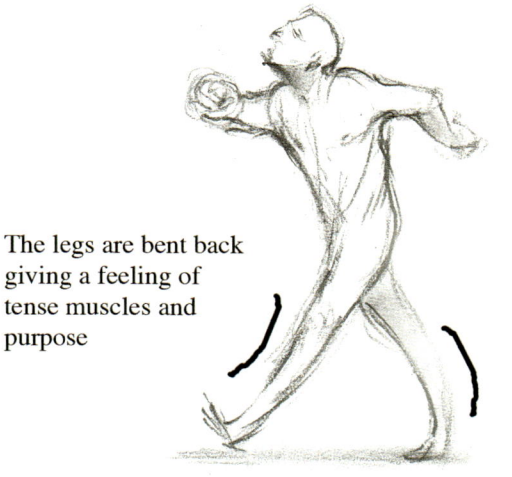

Head tilted down below the shoulders shows real lack of purpose

The legs are bent back giving a feeling of tense muscles and purpose

The legs are bent forward giving a feeling of relaxed muscles and floppiness

Linguagem corporal e *walk cycles*

A raça humana também interpreta instintivamente a linguagem corporal. Só de olhar para o modo como alguém caminha, é possível saber sua idade, sexo, peso, humor e personalidade. Algumas pessoas são melhores do que outras para ler esses sinais, mas um animador deve recriar a natureza instintiva da linguagem corporal porque o público perceberá imediatamente se a animação não for verossímil ou se as personagens forem bidimensionais e pouco convincentes.

Os sinais da linguagem corporal dominam a maneira como os seres humanos se apresentam para outras pessoas e animais. Por exemplo, a forma como as pessoas cruzam as mãos na frente do corpo pode, às vezes, parecer autoprotetora ou defensiva. Outro exemplo é quando bater com o pé no chão ou balançar a perna pode ser visto como um sinal de nervosismo, ou o fato de que piscar demais pode ser um sinal de que a pessoa está mentindo – as pessoas interpretam esses sinais sem pensar a respeito. É essencial que isso seja integrado à animação.

Tradução da figura

Cabeça e pescoço retos sobre os ombros parecem de madeira.

Pernas retas, dando a sensação de serem rígidas e pouco naturais.

Head and neck straight and above the shoulders looks wooden

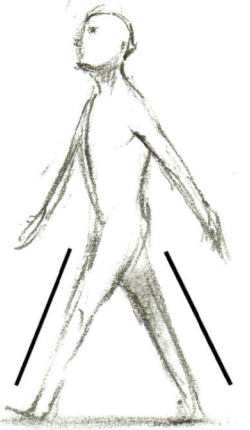

The legs are straight giving a feeling of being rigid and unnatural

Regras básicas do *walk cycle*

Nada de linhas retas – escolha uma direção para cada linha. Cada linha deve ser complementar e curvada na direção certa.

Não desenhe as articulações ou construa o corpo usando círculos. Sinta o corpo inteiro como a forma de um feijão e então desenhe as pernas e braços como formas contínuas, como um macarrão. Isso elimina as linhas retas e permite ao animador pensar de forma mais solta sobre o movimento, sem precisar se concentrar na estrutura anatômica.

Nada de roupas ou convenções dos desenhos animados – torne o desenho uma representação o mais livre possível, em um primeiro momento. Qualquer tentativa de desenhar um corpo realista traz à tona a imagem de uma figura anatomicamente correta. Essas convenções depreciam a clareza da direção da linha na descrição de partes do corpo.

Movimento e dinâmica

Walk cycle básico

O *walk cycle* básico é, em muitos sentidos, a pedra fundamental no desenvolvimento da expressão do movimento, e funciona como prova de domínio das estruturas essenciais de movimento antes de experimentar com coreografias mais complexas na forma desenhada.

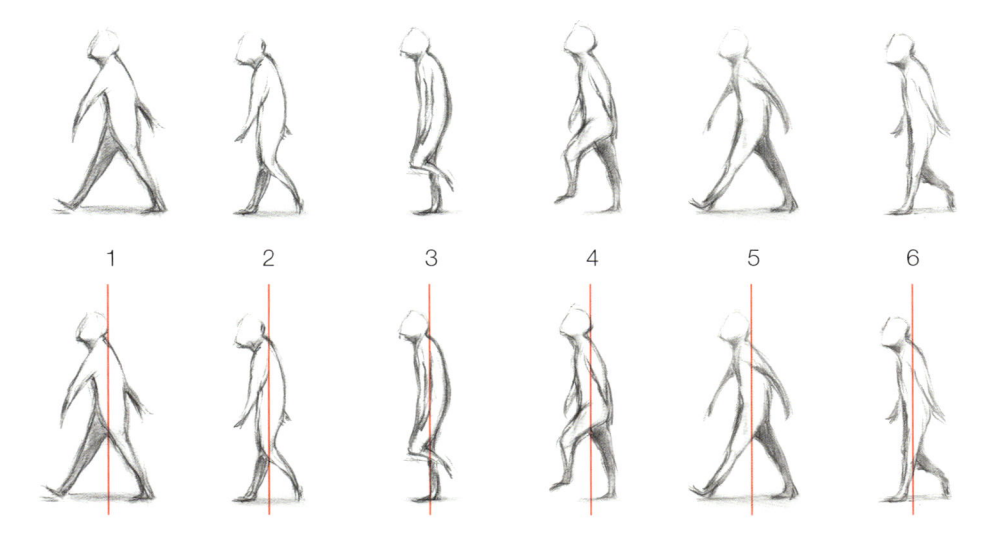

▲

Walk cycle básico

animadora
Joanna Quinn

Com a linha central inserida – sendo esta a linha imaginária que atravessa o corpo para ajudar a definir suas potenciais simetrias e deslocamentos a partir do eixo de equilíbrio.

Walk cycle básico de Joanna Quinn

"Este é o *walk cycle* básico que utilizo. Eu poderia usar um desenho adicional entre cada pose-chave para deixar a caminhada mais lenta e natural, mas este funciona bem como está."

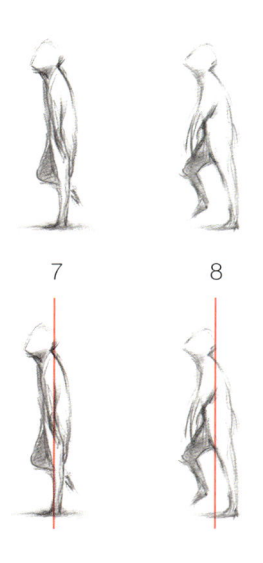

Ordem dos desenhos

Há oito desenhos em um ciclo, e eles são criados na seguinte ordem.

▶ Começo pelo número 1.

▶ Então faço o número 5, desenhando por cima do 1, mas invertendo as pernas e braços para que a perna esquerda e o braço direito estejam à frente.

▶ Então faço o número 3, que é um intermediário entre o 1 e o 5. Sempre coloco os primeiros desenhos da sequência embaixo, de modo que o número 5 está sobre o número 1. Embora este desenho seja um intermediário, a perna que está em contato com o chão está reta, então o corpo precisa estar mais alto.

▶ Em seguida, faço o número 7, que é uma repetição do número 3, mas com as pernas e braços invertidos.

▶ Então coloco os desenhos em ordem e posiciono o 1 e o 3 sobre a mesa de luz para desenhar o intermediário, que será o número 2. O 1 e o 2 vão para a pilha dos "prontos".

▶ Então o número 3 e o número 5 são colocados sobre a mesa de luz e desenho o intermediário número 4. Aí, o 3 e o 4 também são colocados na pilha dos "prontos".

▶ Em seguida, faço um intermediário entre o 5 e o 7. Ele será o número 6. O 5 e o 6 vão para a pilha dos "prontos".

▶ Por fim, faço um intermediário entre o 7 e o 1. Este desenho será o número 8, e o ciclo (*looping*) está completo.

O ciclo pode ficar mais natural e fluido se fizermos a cabeça oscilar levemente. Se você encenar uma caminhada exagerada e deixar a cabeça excessivamente flácida, vai perceber que ela espelha o ritmo de subida e descida do corpo, mas com um pequeno atraso. Por exemplo, o desenho número 3 na verdade tem a cabeça do número 2.

Pensando a animação

A linguagem da animação *full* – o processo de capturar a complexidade aparentemente natural mas invisível da expressão física – foi construída durante a "era de ouro" da Disney, tendo sido transmitida aos mestres modernos, como Glen Keane, que trataram de modificá-la. Ao pensar a animação, o animador busca uma correspondência entre o movimento físico cuidadosamente observado e sua motivação e propósito aparentes.

Peter Parr descreve os dez princípios essenciais para pensar a animação por meio do desenho.

Todas as obras que ilustram esta seção são de autoria de Peter Parr.

> O movimento envolve mais do que simplesmente observar algo em movimento; a estrutura de um desenho pode transmitir movimento, guiando o olho do espectador sobre sua superfície em duas ou três dimensões.
>
> Peter Parr

1 Referência
Pesquise exaustivamente sobre o tema antes de escolher um estilo adequado para sua animação.

▲◄
Duas áreas-chave para a exploração e o registro são as representações de animais e lugares característicos. A capacidade de desenhar animais envolve conhecimento anatômico e compreensão gestual. Capturar a especificidade de lugares também pode ser útil para criar layouts originais e atraentes.

2 Linha e volume
Desenvolva uma técnica de linha rápida e fluida para expressar volume.

▼

Parr apresenta o volume por meio da intensidade ou leveza das linhas em suas formas. Estes animais ganham peso e efeito espacial com as escolhas de estilo e as aplicações dos traços.

3 Tonalidade e textura
Quando você aplica tonalidade e textura, obriga seu olho a imitar a superfície de seu tema.

▲▼

Parr expressa textura por meio de variações tonais na luz e na cor, sugerindo, nestas imagens, o aspecto acetinado da indumentária de época e a aspereza da casca de um velho carvalho.

Pensando a animação

4 Estrutura e peso
Busque os pontos de pressão e ângulos no objeto desenhado (contraposições) antes de acrescentar os detalhes.

5 Movimento e ritmo
Mantenha o olhar alerta e atento a todas as partes de seu desenho, inclusive aquelas que você não vê.

▲▼
É importante levar em conta a estrutura e o peso, não só do corpo humano como também de formas elementares e orgânicas, como o mar, e as condições específicas de edificações e ambientes; isso confere autenticidade ao ilusionismo que o desenho permite.

▲
Movimento e ritmo são aspectos fundamentais para uma boa animação, e podem ser observados nas apresentações de bailarinos (ver o trabalho de Erica Russell, mais adiante neste livro) e no movimento natural dos animais.

6 Gestual
Uma única linha deve definir as características de sua figura – otimista, pessimista ou determinado.

▲▼

As imagens de Parr demonstram que o gestual não é apenas um ato fisicamente deliberado, e sim uma assinatura de movimentos e posturas específicas. O gestual é, com efeito, a melhor expressão da atitude e do sentimento, e funciona como uma ferramenta importante no arsenal do animador como ator e *performer*.

7 Energia (furioso ou passivo)
Olhe com atenção para o tema desenhado para perceber a energia que ele transmite, e desenhe essa energia antes de qualquer outro detalhe.

▲▼

Parr retrata a agressividade e a paixão de uma partida de rúgbi e a ideia de paciência e preocupação de um passageiro que espera por seu voo. Embora um dos cenários tenha uma ação mais explícita, a energia ainda assim está refletida na atitude e na postura da figura menos ativa.

Pensando a animação

8 Equilíbrio e composição
Pense na página inteira antes de planejar o equilíbrio de seu desenho sobre ela.

▲▼
Cenas do dia a dia assumem propósito estético e narrativo quando a *mise-en-scène* é composta para sugerir um contexto ou ação iminente. Os ambientes podem ser mobilizados de maneira especialmente importante, como "personagens" adicionais – uma questão que será discutida mais adiante neste livro.

9 Narrativa e sequência
Para criar uma história pregressa e um futuro para seu desenho, tente capturar um momento único no tempo.

▲
Parr sugere a possibilidade da narrativa por meio das ações de suas personagens – essencialmente "o texto" – e utiliza convenções das histórias em quadrinhos na forma de balões de pensamento para comunicar o subtexto da cena. Ele captura a narrativa e a ação sequencial possível na Feira de Portland, que é dramatizada ainda mais pelo uso de cores dinâmicas. Ação e atitude estão implícitas em todas as cenas, oferecendo possíveis estímulos para o desenvolvimento narrativo.

10 Perspectiva

Para colocar de maneira simples – o que está em primeiro plano é maior, e o que está distante é menor –, a perspectiva permite que você entre na página.

▲▼

O esboço da Grande Muralha da China feito por Parr mostra uma inclinação que está, na verdade, se distanciando: isso é uma inversão da convenção de muitos desenhos animados em que os caminhos desaparecem ladeira abaixo, na distância. A rua Viborg, retratada abaixo, faz isso. Porém, assim como a Muralha, ainda sugere a possibilidade de uma ação sequencial.

"Notas sobre animação" de Glen Keane:

Não ilustre palavras ou movimentos mecânicos. Ilustre ideias ou pensamentos, usando atitudes e ações.

Para atitudes, comprima e expanda (squash e stretch) o corpo inteiro.

Se possível, crie mudanças definitivas de uma atitude para a outra, alterando o timing e a expressão.

Sempre faça a pergunta: "O que a personagem está pensando?"

O pensamento e as circunstâncias por trás de uma ação a tornam interessante.

Não mova nada exceto se houver um propósito para tanto.

Concentre-se na clareza do desenho, não em sua limpeza.

Tudo tem sua função. Não desenhe nada sem saber por quê.

Pense em desenhar a personagem inteira, não apenas a cabeça ou os olhos etc. Mantenha uma relação bem equilibrada entre uma parte do desenho e outra.

Prepare a cena, inclusive pensando em planos e enquadramentos, para ter o desenho mais eficaz possível.

Desenhando personagens

As regras fundamentais e diretrizes conceituais discutidas anteriormente podem ser testadas com maior profundidade alterando a natureza, a dinâmica e o propósito de uma sequência de ações. Um método de fazer isso é usar o *walk cycle* básico inicial como um guia para novos *walk cycles*; porém, a nova caminhada requer planejamento, uma vez que se trata da primeira tentativa de caracterizá-la ou dramatizá-la. Atuar através da forma desenhada é da mais alta importância aqui, uma vez que a personagem deve surgir a partir do movimento, com suas emoções descritas por sua energia, compostura, velocidade e forma como porta o próprio peso. Este último aspecto, por sua vez, requer uma exploração mais profunda do espaço tridimensional e do movimento, assim como da possível rotação da figura dentro de um ambiente implícito.

Inevitavelmente, diferentes partes do corpo irão se mover com timing diferente, e isso pode ajudar a definir a personagem – um aspecto que pode ser aperfeiçoado através do exagero do próprio movimento – e a perspectiva a partir da qual a figura é observada. Isso está invariavelmente relacionado ao estado emocional por trás da caminhada – passadas eufóricas e otimistas serão diferentes de um arrastar de pernas deprimido; um corpo cansado será mais lento que a expressão agitada e possivelmente *staccato* de uma figura furiosa; um bêbado, incapaz de controlar seus movimentos, não terá a precisão e o foco de alguém que deliberadamente administra o movimento de uma perna quebrada ou lesionada.

▲

Esboço de personagem – Bev, de Body Beautiful

artista
Joanna Quinn

Os estudos de personagem de Joanna oferecem uma indicação pronta das formas em que uma personagem pode se mover e de como suas emoções e perspectivas pessoais são essencialmente dramatizadas.

Criar um *walk cycle* simples e iniciar a atuação controlada preliminar é a base para uma sequência mais complicada que inclui uma série de ações para dar vida a uma personagem. Para isso, é essencial que o timing das ações individuais seja orquestrado para obter o melhor efeito; se o timing estiver errado, todo o trabalho investido na animação passa despercebido. Os intervalos entre as ações são tão importantes quanto as próprias ações. É essencial para uma boa sincronização que as poses-chave sejam fortes e claramente opostas; isso torna a animação muito mais interessante e faz com que a atuação seja específica e pontuada.

A ação-chave de cada movimento deve ser identificada, e é necessário trabalhar sua sincronização: para um *walk cycle*, isso diz respeito ao timing da primeira passada e, em seguida, das ações secundárias que vêm a seguir; por exemplo, o balanço dos braços, a oscilação levemente atrasada da cabeça, mudanças no cabelo etc. Para ações mais complexas, esses movimentos podem ser considerados como ações primárias, e não meramente como consequências de uma ação primária.

É importante verificar o arco de um movimento em todos os pontos, desde seu início até a conclusão. Isso permite identificar adequadamente onde está o centro de equilíbrio no desenho de uma figura: para que alguém caia para frente ou para trás, precisa estar bem além do seu centro de gravidade. É importante prestar menos atenção à expressão facial neste momento, pois isso pode se tornar um atalho que prejudica a expressão de emoção criada inteiramente através do corpo.

Os desenhos inevitavelmente precisam ser retrabalhados para executar de maneira adequada esses princípios, por isso todos os desenhos devem ser vistos como parte de um processo, e nenhum deles deve ser encarado como sendo individualmente importante ou definitivo.

Walk cycle de um cão

artista
Animation Workshop

Neste *walk cycle* cômico, as ações principais do tórax do cão se movendo para cima e para baixo e o ciclo da perna para a frente são facilmente observáveis, mas o essencial para o aspecto cômico da sequência são as ações secundárias das orelhas, da língua, dos olhos e da cauda, que também se movem para frente e para trás, mas em direções opostas ou arbitrárias.

Desenhando personagens

Técnicas de mímica

A mímica é uma ferramenta extremamente útil para ajudar a identificar arcos de movimento e para obter maior definição. O uso da técnica de mímica requer que os movimentos corporais do ator descrevam o objeto. Por exemplo, no caso de arremessar uma bola, a mímica da ação deve demonstrar o percurso, não apenas pela projeção da bola com as mãos e os braços, e o acompanhamento dos membros, mas também pela forma como os olhos e a cabeça acompanham a ação. Em outro exemplo – tropeçar em um objeto –, o corpo perde seu equilíbrio; ao cair ou tentar evitar a queda, as ações físicas mudam radicalmente, e na recuperação é possível ver o corpo retornando ao seu estado de equilíbrio anterior. Tudo isso se tornou um momento de dramatização e uma expressão complexa de emoção e controle/falta de controle físico. É vital que o animador lembre que, não importa o quão descontrolada a ação pareça, sua expressão sempre deve ser controlada.

Na forma animada, é importante garantir a ação e seus extremos antes de pensar na sincronia labial (*lip-sync*). Embora a sincronia labial possa ser vista como uma mera sincronização dos movimentos da boca com o diálogo pretendido, ela na verdade diz respeito à atuação com o corpo e o rosto; os lábios, ironicamente, são o elemento menos importante. A ação primária é a expressão corporal e, em seguida, vêm a expressão facial e o trabalho dos olhos. A animação secundária – o trabalho da boca – deve ser adicionada por último. Nesse sentido, o trabalho deve começar com as linhas gerais, aperfeiçoando o *timing* geral e os gestos corporais em relação ao ponto significativo em um som; apenas depois disso o animador deve concentrar-se nos detalhes gestuais. A ênfase na trilha sonora determina onde os desenhos-chave primários devem entrar.

▶

Digger

artista
Joanna Quinn

A caracterização de Joanna para a personagem Digger em *Dreams and Desires: Family Ties* (2006) vai além de meramente capturar a dinâmica animal, criando uma personagem que contribui para a narrativa por meio de suas próprias ações e das ações que sofre.

Inevitavelmente, o trabalho de capturar expressões faciais exige prática e observação prolongada de modelos e pessoas na vida cotidiana. Retratar emoções ou estados físicos – surpresa, medo, embriaguez, fúria, preocupação etc. – exige atenção especial a corpo, sobrancelhas, olhos, boca e testa. As expressões de diferentes emoções são às vezes muito semelhantes (por exemplo, fúria e confusão), por isso é necessário localizar com precisão a diferença entre elas e enfatizá-la especificamente no desenho. Depois de abordar essa gama de emoções, é necessário olhar para os aspectos técnicos da execução de formatos de boca. Nesse sentido, é muito útil observar um modelo vivo pronunciando vogais e consoantes.

Desenhando personagens

Para o animador de personagens, a captura da expressão facial e do movimento físico é totalmente instrumental na construção da personagem. Muitos animadores desenvolvem suas habilidades nessa área observando primeiramente animais. Uma vez que tantos animais aparecem em filmes produzidos nos Estados Unidos, é importante observar verdadeiramente o animal, para evitar cair nos velhos clichês estabelecidos em inúmeros desenhos animados. A observação animal se mantém relevante para o desenho, no entanto, porque os animais se expressam quase que puramente através de sua presença física e ações.

Nos roteiros tradicionais, a personagem humana tem um perfil, e pode ser compreendida através de suas ações e diálogos durante toda a história, ou seja, a personagem é deduzida a partir do texto e interpretada de acordo com ele. Em animação, as personagens são muitas vezes definidas a partir de seu design – em *model sheets*, esboços de ação etc. – e, portanto, a base para sua criação é, antes de mais nada, seu porte físico e ações. A caracterização é, acima de tudo, o que uma personagem faz, e não quem ela é. Por isso, é essencial identificar os traços de personalidade de uma personagem que a tornam reconhecível e prontamente visualizável. Através da observação de animais, os aspirantes a animadores devem identificar o que torna o animal autêntico, por si só, de forma tão imediatamente reconhecível.

Depois de ouvir a trilha sonora várias vezes, o animador deve identificar as principais palavras expressivas, e começar a utilizar uma **ficha de animação (*x-sheet*)** para anotar o planejamento da expressão vocal em relação à sua animação. Sempre que o animador achar que a caracterização atingiu o ponto máximo de exagero ou extremo, é nesse ponto que os *key frames* correspondentes devem entrar. Novamente, a sequência deve ser executada primeiro como um *storyboard* com miniaturas (*thumbnails*), fazendo a correspondência com o som da forma mais rápida possível, não importando o quão inexata e vaga seja essa correspondência. A sincronização adequada da ação é essencial para que ela corresponda, em última análise, à fala. Deve-se usar um *line tester* para buscar uma correspondência minuciosa entre o timing dos desenhos-chave em relação ao som; os desenhos podem então ser numerados e inseridos na ficha de animação. Depois disso, ficará claro quantos intermediários são necessários. Isso normalmente leva à identificação das principais subposes/ações vocais que definem o movimento completo. Uma vez que todos os desenhos estiverem em seu lugar, já sincronizados, pode-se executar o movimento da boca e os últimos intermediários, bem como completar a animação subsequente de cabelos e elementos mais soltos (moles). Durante todo o tempo, deve-se consultar os desenhos de desenvolvimento dos animais/personagens.

Ficha de animação (*x-sheet*) é a ferramenta de planejamento para animadores que permite que a visualização de toda a ação e som pretendidos seja decomposta por *frames*, cenas e sequências, de modo a fornecer instruções ao restante da equipe. Também conhecida como *dope sheet*, *exposure sheet* (folha de exposição) e folha de instruções de câmera.

Estudos de boca

artista
Kimberley Rice

Aqui, Kimberley Rice leva em consideração os momentos em que o gato abre a boca, reconhecendo a relevância da sincronia labial para o movimento geral do animal. Em seus esboços de algumas personagens do filme *A Espada Era a Lei* (1963), da Disney, ela leva as posições da boca em consideração como indicadores expressivos antes do desenvolvimento da sincronia labial.

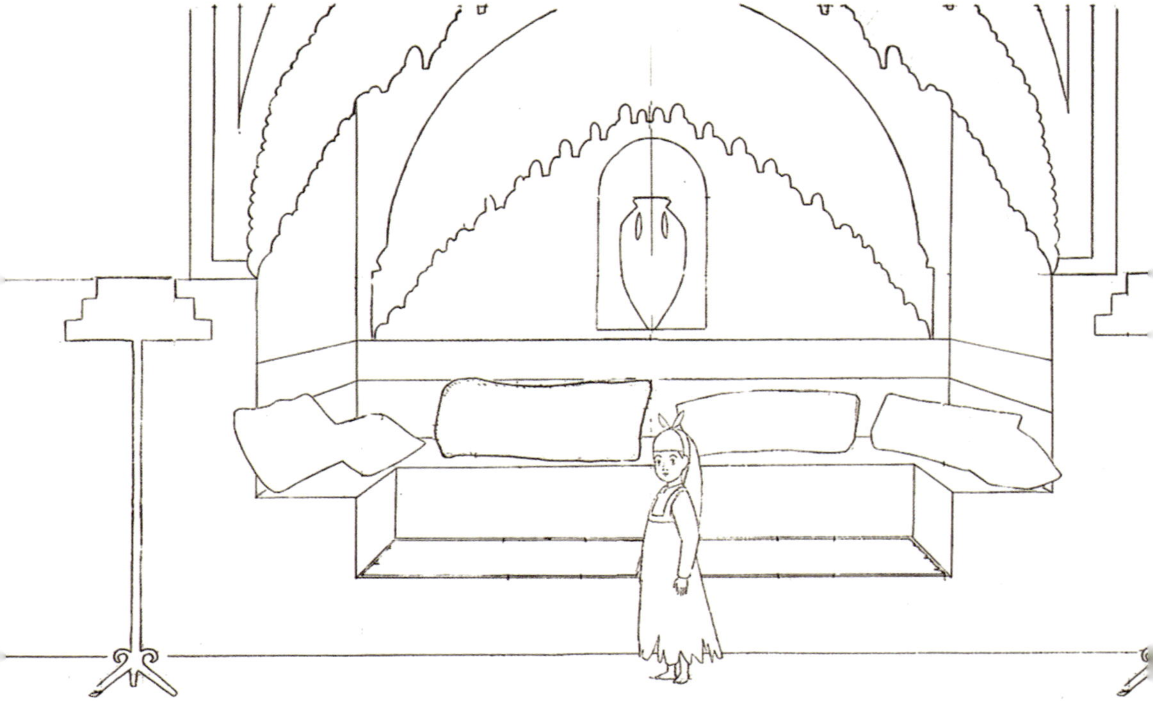

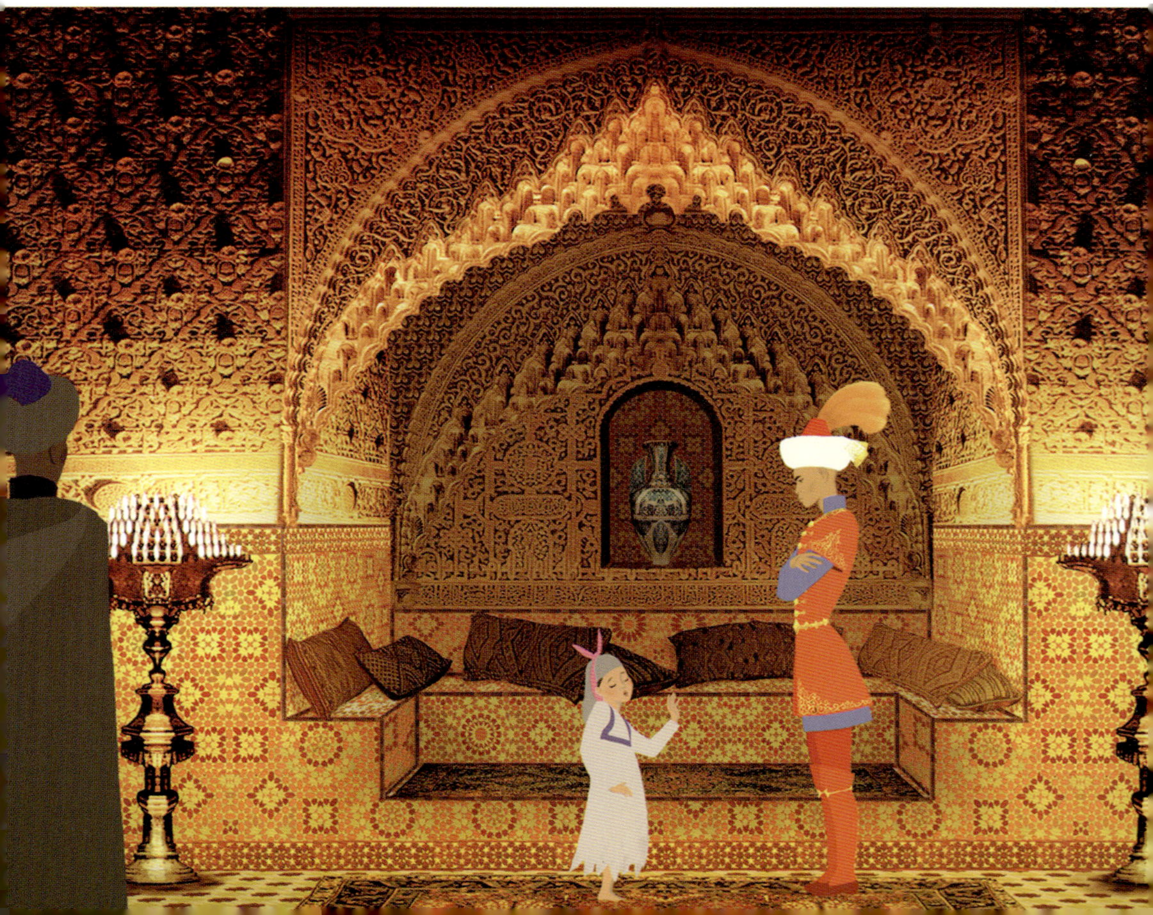

Procedimentos de pré-produção e produção

Os processos de produção abordados neste capítulo estabelecem o desenho como um facilitador e mediador de ideias. Se o estilo clássico da Disney priorizava a apresentação de personalidade e convicção por meio do desenho, muitos dos modelos procedimentais que seguiram utilizam a ferramenta do desenho para manifestar uma ideia por meio de uma estratégia expressiva, gráfica ou ilustrativa. Apesar da suposição de que o computador assumiu os papéis que serviam de base para a animação, o desenho claramente continua oferecendo uma plataforma para grande parte do trabalho, e sustenta prontamente todos os aspectos envolvidos em coreografar e sustentar a animação em si, em qualquer técnica ou estilo.

O desenho pode simplificar ou complicar, reduzir ou amplificar uma ideia, e, qualquer que seja o contexto, ele pode ser aplicado de forma a definir o que pode ser entendido como a arquitetura de uma narrativa; uma premissa visual; uma personagem ou ambiente; um ponto de vista ou perspectiva (material ou metafórico); e, principalmente, a forma de expressão. Quando o desenho oferece a infraestrutura de uma abordagem, há sempre uma relação entre a psicologia da prática criativa e suas aplicações técnicas.

◄

título
As Aventuras de Azur e Asmar

animador
Michel Ocelot

A ideia arrebatadora

Todo projeto requer uma "ideia arrebatadora" – a ideia essencial que motiva o processo criativo. Esta primeira ideia principal deve ser desenvolvida por meio de pesquisa e testes, chegando a um contexto criativo depois de ser modificada e explorada em sua plenitude. Em animação, isso está relacionado à forma como a ideia pode ser visualizada e em que técnica, bem como por meio de que processo, ela será desenvolvida. É interessante perceber que, não importa qual técnica ou abordagem é escolhida, esteja a peça sendo criada com um roteiro formal ou evoluindo a partir de um processo mais improvisado ou fluido, o desenho está sempre envolvido de alguma forma.

Les Mills observa: "O meu lance com animação era o conceito, as ideias e a ausência de medo – tentar fazer os alunos não terem medo de explorar suas ideias e as qualidades gráficas que todos eles possuíam. Foi isso que eu trouxe para o ensino da animação". Durante toda a sua carreira trabalhando com Joanna Quinn, ele costumava enfatizar que os filmes deveriam tratar claramente "sobre" algo, e menciona um exemplo disso. "*Britannia* obviamente trata sobre anticolonialismo e anti-imperialismo por parte de qualquer um, mas com foco específico na Grã-Bretanha. Mas acho que isso também poderia se aplicar a Espanha, Portugal, França – e atualmente aos Estados Unidos. A linha principal de *Britannia* é a exploração e colonização de pequenas nações pelas grandes potências. E *Elles*, na verdade, trata sobre pintura." Como parte do desenvolvimento de *Body Beautiful*, Mills aprimorou sua noção de "ideia arrebatadora" com outros objetivos:

▶ Dar uma identidade mais estável e definida a Beryl e a outras personagens do filme, mas especificamente estabelecendo Beryl como uma autêntica anti-heroína.

▶ Construir uma narrativa que refletisse a mudança nos papéis das mulheres no trabalho e o declínio da indústria de base em geral.

▶ Usar toda a estrutura do filme como uma metáfora para os conflitos políticos e militares entre pequenas nações desfavorecidas e nações poderosas e opressoras.

▶ Usar diálogos improvisados pelos principais atores como ferramenta para o desenvolvimento e aprimoramento do roteiro.

▶ Usar a pesquisa como principal ingrediente para servir de base à *mise-en-scène*.

▶ Explorar a capacidade de Joanna para criar personagens únicas e longevas e suas imensas e brilhantes habilidades em desenho e animação.

Mills explora posteriormente a "ideia arrebatadora" de *Dreams and Desires: Family Ties*, como mais um exemplo que mostra aspectos do processo de produção de animação que são especificamente relacionados ao papel e à função do desenho, ainda que servindo de base para diferentes estilos. Quando a "ideia arrebatadora" surge, ela quase sempre é formulada e expandida por meio do desenho, e isso pode ocorrer em qualquer etapa do projeto. Cada um dos projetos discutidos aqui enfatiza o quanto o desenho pode ajudar a formular ideias, e utiliza aplicações específicas do desenho para que o trabalho se torne realidade.

título
Anúncio de Whiskas

artista
Joanna Quinn

Algumas criaturas maquinam enquanto outras sonham. Maquinar e sonhar são elementos essenciais do trabalho criativo!

A ideia arrebatadora

A jornada linear do desenho digital

Todos os projetos começam com uma ideia ou ponto de estímulo particular, mas neste contexto é importante explorar a forma como o desenho pode operar. Michael Shaw, por exemplo, utiliza o desenho como uma ferramenta em relação à sua prática digital na tela. Aqui, ele fala de seu trabalho:

Por mais de uma década, o desenho vem complementando minha prática como escultor, essencialmente através da geração de formas, ocasionalmente para a solução de problemas e muitas vezes como atividade independente. Desde 2006, boa parte da escultura vem se manifestando através do desenho e manufatura assistidos por computador, o que, por sua vez, originou uma série de desenhos animados que tentam criar uma ponte entre duas e três dimensões.

Em um desenho tradicional, o expectador em geral vê apenas o resultado final, e é excluído do **processo** de produção, a não ser quando alguns traços fracamente apagados ou esfumados de sua história permaneçam visíveis. A alternativa, através da animação, é o processo de criação de uma imagem desenhada ser revelado de forma a lentamente se concretizar. Meu processo para a criação de desenhos animados subverte a progressão normal, que busca a forma refinada, das mídias desenhadas sobre papel; em vez disso, as formas virtuais são modeladas e então as linhas de movimento são associadas às suas superfícies para determinar o fluxo de pinceladas e desenhar progressivamente cada forma. Logo, essas construções são desenhos esculpidos.

"*What Might Be* (2006) explora um dos objetivos fundamentais do desenho, se não da arte em geral: como projetar a ilusão de três dimensões dentro de espaços planos. Isso é especialmente relevante para o escultor e, de um modo intrigante, a animação parece estar bem posicionada para recriar a natureza perambulatória e cinética da experiência da escultura, manipulando o ponto de vista do observador por meio de uma representação. Assim, a animação é capaz de unir a segunda e a quarta dimensões para sugerir a terceira.

What Might Be tem muito em comum com os materiais de desenho tradicionais e busca retratar de forma realística mídias como lápis, borracha, carvão, gravura a cera, caneta e nanquim, com a sutileza potencial de marcas como borrões, desenhos sobrepostos, contornos e sangramentos. As camadas de material virtual são sobrepostas, uma a uma, até que a história suja de sua criação venha à tona.

Embora a tradução do papel para a tela não ofereça respostas, ela cria oportunidades para que o ato de desenhar torne-se visível ao longo do tempo, cinético, complexo e sustentado pela luz da projeção ou pela tela retroiluminada."

Processo, o desenho pode revelar os processos mentais por trás do ato de criatividade, bem como a experiência do artista à medida que o desenho se desdobra, como podemos observar na obra de Michael Shaw e William Kentridge.

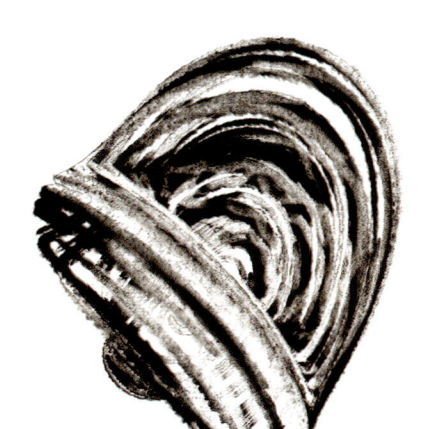

> Meu processo para a criação de desenhos animados subverte a progressão normal, que busca a forma refinada, das mídias desenhadas sobre papel; em vez disso, as formas virtuais são modeladas e então as linhas de movimento são associadas às suas superfícies para determinar o fluxo de pinceladas e desenhar progressivamente cada forma. Logo, essas construções são desenhos esculpidos.
>
> Michael Shaw

título
What Might Be

artista
Michael Shaw

Michael Shaw transcende a barreira 2D/3D, privilegiando as técnicas do desenho enquanto princípios estéticos autônomos, usando-os como primeiro plano dentro de um ambiente animado emergente.

A ideia arrebatadora

Desenho e linguagem cinematográfica

Les Mills, roteirista e colaborador de longa data de Joanna Quinn, sempre se preocupou com seu próprio envolvimento com o cinema e a linguagem cinematográfica, e com as habilidades de desenho altamente desenvolvidas de Joanna. Segundo Les:

"Parte do conceito estrutural de *Dreams and Desires: Family Ties* era o fato de que a personagem central, Beryl, se tornaria uma estudante de cinema de meia-idade, envolvendo-se no processo de compreender a linguagem e a teoria cinematográficas e o cinema em geral, por meio de um processo prático de descoberta (ou seja: aprendendo a partir de livros, assistindo a DVDs clássicos e, por fim, usando sua câmera digital para explorar a si mesma, suas próprias ideias e a mídia, em si). Esse seria o nascimento de Beryl como mulher renascentista, e envolveria também outras formas culturais, especificamente as artes visuais e, até certo ponto, a literatura.

título
Dreams and Desires: Family Ties

artista
Joanna Quinn

Joanna usa as imagens para dar suporte à narrativa e para chamar atenção aos modos em que o desenho foi usado em *Fine art*, de forma composicional, estética e metafórica. Os querubins que aparecem nas fantasias de Beryl lembram caricaturas rubenescas e algumas das simbologias dinâmicas das formas de arte da Renascença. Outros exemplos aqui mostram a vitalidade e a mobilidade dentro da *mise-en-scène* da imagem, e chamam atenção para a qualidade, própria da animação, de criar especificamente imagens inatingíveis em outras abordagens.

Foram adotados outros pontos de vista quando Beryl estava deliberadamente experimentando com tomadas em homenagem a cineastas seminais, como, por exemplo, o plano de seguimento na igreja que imitava a direção de Leni Riefenstahl em filmes como *Triunfo da Vontade* (1935) e *Olympia* (1938), e a câmera acoplada ao cão Digger para fazer uma referência direta ao uso dinâmico do ponto de vista e da posição de câmera de Dziga Vertov em sua série *Kino-pravda*."

A outra grande base estrutural para *Dreams and Desires* é Beryl escrevendo um diário, envolvendo continuamente a si mesma e aos expectadores em uma análise de suas filosofias pessoais, relacionamentos, temas universais e, é claro, no próprio processo de fazer um filme. Nós limitamos deliberadamente os aspectos de **mise-en--scène** para fazer com que Beryl fosse prisioneira da câmera, no sentido de que ela só poderia operar dentro da gama de tomadas de câmera subjetivas, ou seja, a partir de seu próprio ponto de vista ou em frente à câmera.'

Mise-en-scène é a natureza e a construção do conteúdo material da imagem. Em animação, as convenções normais do espaço físico e performático estão em movimento, de modo que os eventos animados – uma *gag*, imagem específica, forma abstrata etc. – ganham destaque.

A ideia arrebatadora

Les Mills continua:

"O nome do cão Digger é, de certa forma, uma homenagem indireta a Dziga Vertov, e seus meandros caninos na festa de casamento são uma referência declarada a *O Homem com a Câmera* (1929), transposta para *O Cão com a Câmera*. Joanna incluiu uma cena lúdica e fantástica em frente à igreja, na qual a noiva joga seu buquê e Digger dá um salto para roubá-lo e em seguida destruí-lo. Uma vez que essa cena foi improvisada e não estava no roteiro, eu optei por fazer uma referência a *Rescued by Rover* (1905), de Cecil Hepworth, um dos primeiros filmes que jogavam com narrativas cinematográficas fragmentadas ou simultâneas, e que semeou a linguagem narrativa cinematográfica que foi explorada de forma tão brilhante por DW Griffith. Para deixar a referência levemente mais óbvia, tive de escrever algumas falas para Beryl lembrando Digger de que ele não havia assistido àquele filme."

O envolvimento de Mills com a linguagem cinematográfica revela os limites do "registro" tradicional da realidade, em *live--action*, e da *mise-en-scène* mais livre e aberta das formas animadas. Cada uma das utilizações de animação ali demonstra as qualidades particulares da forma desenhada, exibindo os aspectos distintivos da animação enquanto linguagem, citados no box abaixo.

◄

título
**Dreams and Desires:
Family Ties**

artista
Joanna Quinn

A cena em frente à igreja, em que Digger pega o buquê e o destrói, ganha maior significado quando ancorada em referências irônicas a outros sistemas de imagem. O filme utiliza a animação para imitar, e ao mesmo renovar, inúmeras abordagens profissionais e amadoras de composição e registro literal.

A linguagem da animação

Lembre-se de que a animação tem uma linguagem de expressão específica e particular que está no cerne de algumas de suas abordagens. Eis suas características centrais:

Metamorfose
A capacidade de facilitar a transição de uma forma para outra sem edição.

Condensação
O grau máximo de sugestão dentro do mínimo de imagens.

Antropomorfismo
A imposição de traços humanos em animais, objetos e ambientes.

Fabricação
A criação física e material de figuras e espaços imaginários.

Penetração
A visualização de interiores psicológicos/físicos/técnicos inimagináveis.

Associação simbólica
O uso de sinais visuais abstratos e de seus significados relacionados.

Ilusão sonora
A construção completamente artificial de uma trilha sonora para dar suporte ao silêncio intrínseco às formas animadas.

A ideia arrebatadora

Desenho e abstração

O cineasta experimental Clive Walley usa o desenho como forma de conceitualizar suas ideias, mas geralmente o faz dentro de trechos de prosa, explorando e descrevendo suas ideias criativas e possíveis aplicações. Seu filme *Light of Uncertainty* (1998) é uma reflexão sobre a arte e a ciência de expressar formulações abstratas, e tanto seu trabalho preparatório quanto a própria animação são uma interpretação e uma ilustração de princípios teóricos.

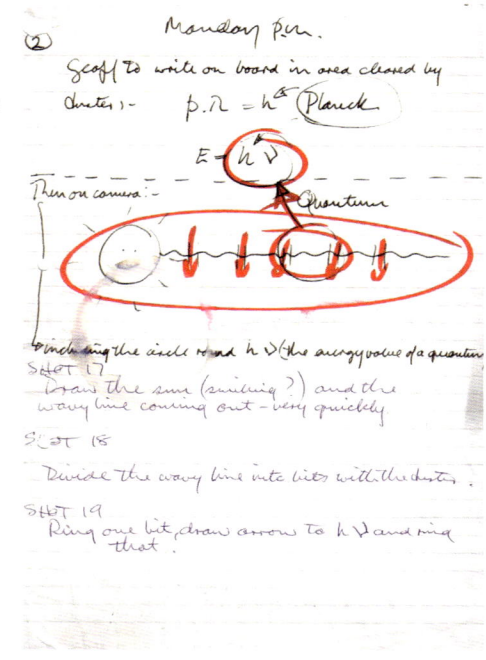

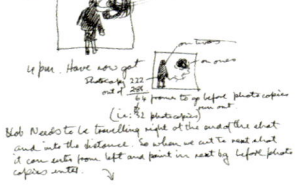

título
Light of Uncertainty

artista
Clive Walley

Walley leva em consideração a forma como uma equação pode ser apresentada e demonstrada visualmente, usando os termos e condições da expressão científica como forma de extrapolação estética. Sua abordagem da física quântica e da natureza e frequência das formas de luz são tanto o sujeito quanto o objeto da animação.

O cálculo e a expressão dessa teoria dão origem às suas ideias visuais.

Roteiro

Existem diversos métodos para criar o roteiro de um filme de animação. O animador pode trabalhar tanto com um roteiro tradicional, baseado em descrições e diálogos escritos, quanto por meio de processos de visualização, como esboços e *storyboards*, ou pode até mesmo valer-se da improvisação com determinados materiais e técnicas. Cada abordagem parte de diferentes intenções e, inevitavelmente, produz diferentes resultados. No entanto, o mais importante continua sendo o papel do desenho na criação do roteiro, tanto que sua presença faz parte de quase qualquer projeto, independentemente do estilo ou da abordagem adotados.

De várias maneiras, foi o próprio desenho que sugeriu, em primeira instância, as formas características em que a animação poderia funcionar, usando símbolos e signos como atalhos visuais para a representação de seres humanos, animais, objetos e, acima de tudo, ideias e conceitos. Isso possibilitava retratar elementos invisíveis ou aparentemente inimagináveis, fossem eles teoremas complexos ou estados psicológicos, orgânicos, materiais ou mecânicos. O desenho permitia que a seleção específica de uma ideia ou forma fosse expressa, possibilitando seu exagero, minimização ou completa transformação.

Quando os desenhos começaram a ganhar movimento, a dimensão adicional do tempo permitiu-lhes revelar o passado ou projetarem-se para o futuro, tornando-se uma das formas que conferia à animação o aparente controle sobre todos os aspectos da ordem temporal ou da configuração espacial. O desenho – assim como outros recursos usados em animação – possibilitava metamorfose (transição aparentemente uniforme de um estado ou forma para outro); condensação (o máximo de sugestão com o mínimo de imagens); fabricação (a criação de disposições, ambientes e mundos imaginários); e funcionava como um importante veículo de visualização metafórico e metafísico por natureza. Você pode encontrar uma discussão mais abrangente acerca desse tópico em *Basics Animation: Scriptwriting*.

▶

título
John and Michael

animadora
Shira Avni

Integrante do National Film Board of Canada, a artista Shira Avni sugere aspectos de composição e de movimento para instigar um senso de como a própria animação vai funcionar. A qualidade solta e sugestiva do traço é extremamente pertinente para mostrar aspectos dos conflitos tanto físicos quanto espirituais das personagens.

84 | 85

A ideia arrebatadora > Roteiro > *Storyboard*

Storyboard

Ex-animadora e desenvolvedora visual da Amblimation e da divisão de animação da Warner Bros., Julia Bracegirdle se interessa especificamente pelos *storyboards* e pelo ensino da **visualização** por meio dessa abordagem. Ela credita que o *storyboard* deve ser compreendido e definido da seguinte forma:

"O *storyboard* é a ordem sequencial de painéis (ou imagens individuais) que ilustra e sustenta o impulso da narrativa; de certa forma, trata-se de um roteiro visual e, assim como um roteiro, passa por muitas versões antes de chegar à forma final. O *storyboard* é também uma ferramenta de visualização, em pré-produção, que ajuda a definir o visual de um filme. Além disso, é uma forma de criar novas ideias visuais e narrativas antes de iniciar a produção ou filmagem. Como ferramenta de planejamento da produção, o *storyboard* permite organizar o conteúdo dos planos e do trabalho que precisa ser feito; e em conjunto com o animatic (uma versão filmada e sincronizada do *storyboard*), é o ponto de partida para o filme, que servirá de referência durante todo o processo de produção."

Estes são *storyboards* produzidos para um projeto colaborativo da Right Angle Productions para a SC4, intitulado *Animated World Faiths* (1998). O trabalho foi produzido no País de Gales e em diversos estúdios europeus, e os *storyboards* refletem as formas em que a colaboração aconteceu, primeiramente como resposta ao roteiro provisório, em um segundo momento quanto à visualização mais persuasiva do material em relação à narrativa, e em terceiro lugar como proposta de como o material deveria ser filmado.

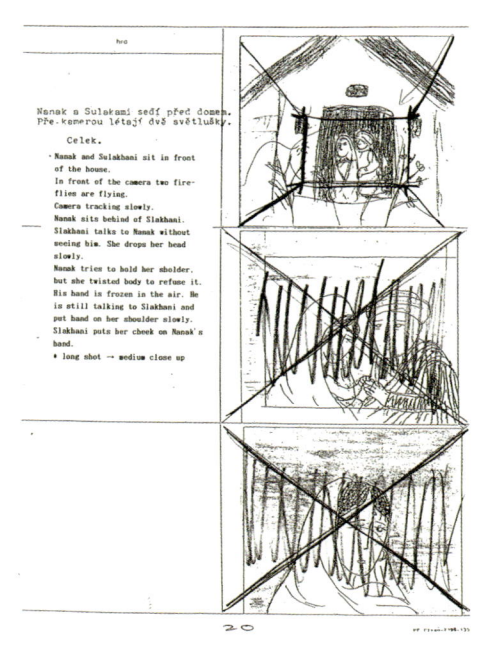

título
**Animated World Faiths
(The Story of Guru Nanak)**

animador
Right Angle Productions

Diferentes tipos de desenho representam diferentes estágios de pensamento e pontos de representação. Às vezes, há uma ideia de retrato, que privilegia o *close-up* (acima); às vezes, são utilizadas formas gráficas, como o mapa (centro); em outras ocasiões, há diferentes modelos de encenação e filmagem para a mesma cena, com diversos níveis de ênfase (abaixo).

A **visualização** enfatiza somente o pictórico e funciona de forma diferente, ou complementar, ao diálogo e às descrições textuais. Os processos de visualização são determinados pela técnica escolhida, pelo conceito em questão e pela intenção da narrativa.

- Nanak opens his eyes.
  * medium close up
  [disolve]
Nanak otvírá oči.
Polodetail.
Prolínačka.

- A map appears. It shows Nanak's journey.
Objeví se mapa. Ukazuje Nanakovy cesty.
Detail staršího Nanaka. Káže lidem. Kamera transfok. a pan. doprava. Na tesařovu dílnu. Tesař dělá truhlu. Přestane a dívá se na Nanaka.
  69
- Long shot. Nanak preaches to the people. Camera zoom in slowly.
  69 a
- Lalo makes plain wooden box. We see Nanak over him. They look at each other. Malik Bhago and his servent close to Nanak.

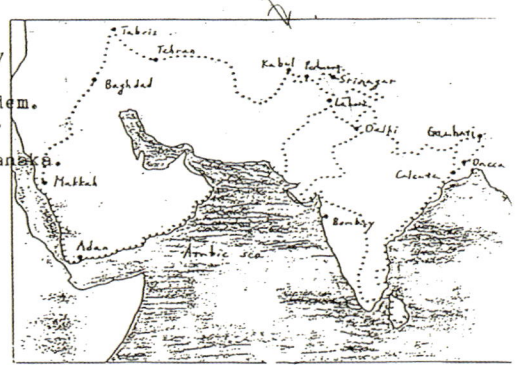

29

Storyboard

Os fundamentos do *storyboard* de Bracegirdle

Um *storyboard* envolve:

Remover e substituir painéis para aperfeiçoar o roteiro visual.

Desenhar, redesenhar e redesenhar e redesenhar.

Improvisação e experimentação quando isso for barato e rápido.

Evitar papel de alta qualidade ou *sketchbooks*; ambos promovem o tipo de atitude perfeccionista que deve ser evitado a qualquer custo.

Decompor a narrativa em todos os planos ou cenas necessários para contar a história.

Criar um primeiro "ensaio geral" em miniaturas (*thumbnails*), com foco nas personagens e na trama, e não em composição e movimentos de câmera, em um primeiro momento.

Reconhecer que cada painel afeta o que pode ou não acontecer em seguida dentro da narrativa.

Reflexão, que permite uma melhor ilustração da narrativa, dando forma e reorganizando a ordem dos painéis no *storyboard*.

Uma sequência de imagens que pode ser usada para construir "**animatics**".

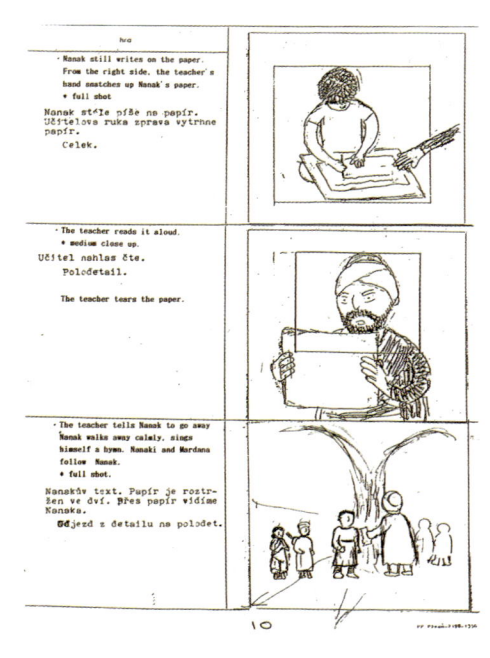

título
Animated World Faiths (The Story of Guru Nanak)

animador
Right Angle Productions

O *storyboard* pode ser usado como uma ferramenta importante para a solução de problemas; o desenho representa o processo mental e aborda as questões que vão surgindo – correções, edições, redesenhos, composição de imagens etc.

Animatics é uma síntese filmada dos painéis do *storyboard*, com uma trilha sonora provisória para criar uma versão preliminar da animação. Essa ferramenta é usada para verificar se a narrativa funciona, o que precise ser adicionado ou removido, e como o diálogo, a música etc. podem funcionar em relação às imagens sugeridas.

Cenas

Em termos de desenho, as cenas tratam menos da natureza de dramatização e performance e mais dos planos de fundo, **layout** e coreografia: o contexto no qual a narrativa, as personagens e a ação se desenvolvem. Embora seja fácil se preocupar com a performance e os diálogos, em cenas dramáticas, a contextualização é importante, em animação, para criar sentido e efeito.

A seguir, apresentamos dois exemplos: *Terkel in Trouble* (2004), do estúdio A. Film, e *Oktapodi* (2007), de Quentin Marmier.

Terkel in Trouble

Com *Terkel in Trouble*, dirigido por Kresten Andersen, o estúdio A. Film queria fazer um longa-metragem ousado e economicamente viável, que atraísse um público adolescente.

O A. Film queria inovar em uma obra criada por computador, através de sua estratégia de design, usando as limitações de seus meios como forma de serem mais inventivos. A equipe reduzida forçou o estúdio a adotar um fluxo de trabalho que explorasse ao máximo os recursos disponíveis, de modo que todas as personagens foram baseadas no mesmo design, com maior foco na história, na dublagem e no humor da obra. Isso ecoa diretamente a estratégia da Hanna-Barbera em meados dos anos 1950 para desenvolver desenhos animados de televisão como *Jambo e Ruivão* (*Ruff 'n' Reddy*) e *Dom Pixote* (*The Huckleberry Hound Show*), quando a produção de curtas para distribuição em cinemas já deixara de ter uma boa relação custo-benefício.

Desenhar de forma menos elaborada permite ao animador tomar alguns atalhos, reutilizar ciclos e criar uma estética geral mais irregular e menos desenvolvida. Em *Terkel in Trouble*, isso permitiu que os *key frames* fossem combinados com captura de movimento simples e configurações automatizadas de composição.

Andersen foi influenciado por *Os Muppets*, *Os Simpsons* e, mais especificamente, por *South Park*, buscando criar uma versão radical da história infantil, que abandonaria o sentimentalismo e o trauma moral do estilo Disney para refletir um pouco da indiferença, crueldade e abandono das relações que as crianças têm, umas com as outras.

O **layout** oferece um plano de fundo para a ação, e pode também servir para mapear um elemento performativo, se filmado de uma forma específica. É um aspecto pertinente da visualização, quando aliado a movimentos coreografados.

título
Terkel in Trouble

animador
A. Film

Os primeiros esboços demonstram a forma-base das personagens. Assim como os designs de Ub Iwerks para as primeiras *Silly Symphonies* dos anos 1920, a abordagem é baseada em membros "de corda" e formas circulares ou oblongas para os rostos e corpos, com a diferenciação por conta de sutis reconfigurações no estilo de cabelo, olhos, nariz e boca.

A cidade de Terkel e sua perspectiva geográfica são delineadas para transmitir uma ideia do quão pequeno é o mundo das personagens, onde a casa de Terkel, a escola e a prefeitura e até mesmo o bosque estão muito próximos entre si.

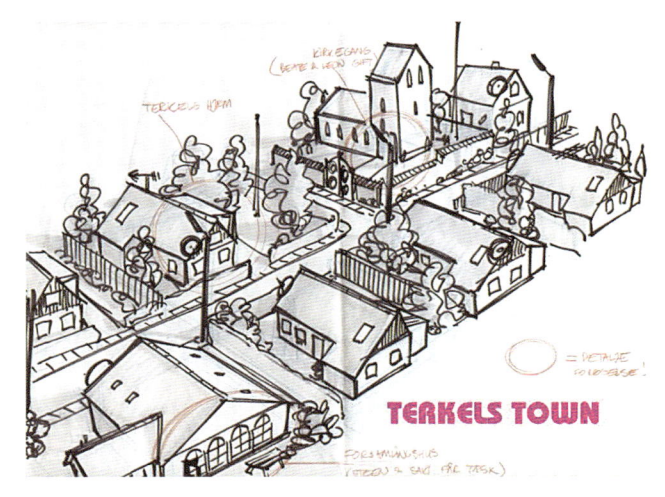

CHARACTER SKETCHES 2

TERKELS TOWN

PLAN VIEW

Cenas

Terkel in Trouble também utiliza um número limitado de ambientes – principalmente interiores domésticos, pequenos estabelecimentos e sugestões de locais abertos, como o acampamento no bosque.

Os desenhos preparatórios para esses ambientes não funcionam meramente como designs para os espaços, mas também como um mapa para o mundo de Terkel, comunicando um entendimento pleno das poucas coreografias necessárias, e do foco na ação das personagens e em diálogos dentro dos espaços, sem a necessidade específica de que o ambiente contribua de alguma forma altamente significativa.

A intenção do A. Film de limitar a estética desenhada da obra facilitou diretamente a tradução do design para a forma digital. Embora, na animação gerada por computador, os desenhos que servem de base para as personagens sejam de natureza "inspiracional", ou parte de um portfólio específico de algum animador ou designer, nesta etapa o desenho funciona quase que como modelo direto para as personagens geradas por computador.

título
Terkel in Trouble

animador
A. Film

Diversas personagens de *Terkel in Trouble* em suas formas geradas por computador.

Apenas modificações mínimas ocorrem no design, em grande parte relacionadas às configurações da boca e à variação de penteados.

Oktapodi

Oktapodi, criado por Quentin Marmier e seus colegas Julien Bocabeille, François-Xavier Chanioux, Olivier Delabarre, Thierry Marchand e Emud Mokhberi, é um desenho animado envolvente no qual um peixeiro persegue dois polvos fugitivos. Essa breve descrição não é capaz de refletir o dinamismo e a inovação da obra, que se beneficia imensamente ao modo como o emaranhado de becos da cidadezinha litorânea e a construção dos edifícios operam, efetivamente, como personagens na perseguição.

Marmier explica: "O processo de desenvolvimento foi o mesmo de um longa-metragem de animação em um estúdio maior, com a diferença de que éramos apenas sete pessoas (incluindo o compositor) fazendo tudo. Começamos escrevendo o enredo, usando alguns dos aspectos técnicos e artísticos que queríamos ver no filme. Então, demos início à pré-produção (*concepts*, cores, estilo de design) e, em paralelo, ao desenho do *storyboard*.

título
Oktapodi

animadores
Marmier et al.

Assim como os designers de *Procurando Nemo* (2003), da Pixar, a equipe de *Oktapodi* tinha recursos limitados para criar personalidade nas criaturas marinhas. Ideias e sentimentos são comunicados por meio dos olhos e da especificidade gestual dos tentáculos.

Cenas

Oktapodi foi a primeira animação gerada por computador feita pelo grupo, e partiu da experiência de assistirem aos filmes de final de curso do ano anterior e da influência de longas-metragens de estúdios como Pixar, DreamWorks e Blue Sky Film. O mais importante, no entanto, foi que Marmier e seus colegas mergulharam em uma pesquisa detalhada, não meramente adotando o design de A *Era do Gelo* (2002), de Chris Wedge, mas também decalcando o traço do designer de personagens Peter de Sève e examinando seu portfólio em diversos projetos. Isso foi de grande valia na hora de pensar sobre os estilos de desenho e traduzi-los em imagens geradas por computador.

Marmier observa: "Acho que o desenho ainda é a base de tudo. As pessoas que têm habilidades de desenho são as melhores em abordar e contornar as limitações. Qualquer que seja sua prática criativa, o desenho está, de alguma forma, por trás dela, e é impossível fugir de usar o desenho como abordagem. O mesmo acontece com a animação. As pessoas achavam que as novas tecnologias computadorizadas tornariam o desenho obsoleto, mas basta olhar para os maiores estúdios de animação em 3D, como Pixar ou DreamWorks, para ver que o desenho ainda está presente em cada etapa da produção: *concept*, *storyboard*, iluminação etc.

◄

título
Oktapodi

animadores
Marmier et al.

O furgão do peixeiro/marinheiro cai no mar depois de uma perseguição pelas ladeiras da paisagem urbana.

◄

título
Oktapodi

animadores
Marmier et al.

As imagens renderizadas para *Oktapodi* ilustram uma clara influência do estilo da animação clássica na paleta de cores e na coreografia, mas também demonstram um excelente domínio das técnicas necessárias para traduzir o estilo clássico para a forma gerada por computador.

O estilo Disney é apenas um tipo de desenho que aparece na imagem final. Os recursos de CG estão usando a mesma linha de produção da Disney, porém acrescentando um processo diferente para construir as imagens finais; um processo tecnológico. É importante encarar a atual estética gerada por computador como estando intrinsecamente relacionada à forma clássica da Disney, embora a sofisticação dos efeitos visuais possa distrair o expectador da função formativa do desenho durante o desenvolvimento da obra.

De 2D a 3D

As recentes produções de animação vêm sendo caracterizadas pelo uso de animação computadorizada em 3D, e até mesmo artistas que já trabalharam em formas mais tradicionais atualmente buscam tirar proveito de suas possibilidades, muitas vezes adaptando seus processos de design para facilitar uma melhor adequação à computação gráfica. Sistemas como CelAction, por exemplo, permitem que as abordagens tradicionais sejam adaptadas ao computador, oferecendo suporte às estratégias de design com qualidades bidimensionais, gráficas e composicionais, originadas na ilustração, no design gráfico e na arte moderna. Isso permitiu o uso de estilos de design não ocidentais, muitas vezes complexos, como evidencia o trabalho recente de Michel Ocelot.

Ocelot

Um dos grandes mestres-animadores, o francês Michel Ocelot sempre se preocupou com a maneira como a técnica facilita uma narrativa convincente, e a forma como ele, enquanto diretor de criação, pode se encontrar no material. Sobre *As Aventuras de Azur e Asmar* (*Azur and Asmar*, 2006), ele comenta:

"Eu sabia que daria seis anos da minha vida a um tema. Aquilo tinha que fazer parte de mim. Então, o que me habita hoje? Todos aqueles seres humanos se odiando e lutando e matando me dão nojo. E as poucas pessoas, no meio dessa loucura horrível, que gostam umas das outras, apesar das barreiras, me comovem profundamente... Eu tinha que fazer uma fábula sobre ser diferente e sobre a dificuldade de ser um imigrante. Na França, os imigrantes são principalmente do norte da África e muçulmanos. Então, decidi incluir uma celebração dessa fantástica civilização semiesquecida da Idade Média. Eu estava dentro de um tema incendiário, mas minha linguagem é criar contos de fadas e dar prazer. Por isso a fábula pendia para *As Mil e Uma Noites*, tendo em mente o refinamento estético das miniaturas persas."

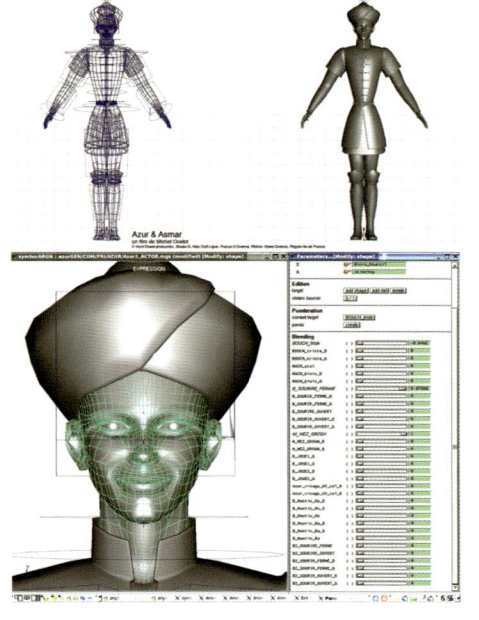

Ocelot sentiu que a melhor forma de se envolver com esses estilos visuais era por uma combinação de elementos 2D e 3D, garantindo que a realização das personagens e de suas histórias não fosse limitada a uma mera imitação do conhecimento absorvido e dos clichês pictóricos do Oriente Médio. Essa abordagem permitiu que ele experimentasse: "Tive alguns sucessos recentemente e, para o novo filme, pude usar uma técnica mais cara que o normal. Então, decidi experimentar com a animação computadorizada em 3D, para conhecer novos meios e imagens. Usamos isso para as personagens. Para os planos de fundo, senti que a complexidade, a demora e o custo do 3D não se justificavam. Eu não estava interessado em fotorrealismo, e preferia ser um pintor fazendo o que quisesse sobre uma superfície plana, com maior liberdade (apesar da perspectiva). Isso significava também uma grande economia de tempo e dinheiro, o que sempre vem a calhar".

título
As Aventuras de Azur e Asmar

animador
Michel Ocelot

Os designs iniciais para *As Aventuras de Azur e Asmar* refletem um cuidado especial na representação, resistindo ao design clichê do oriental como "o outro", que muitas vezes caracterizou os desenhos animados ocidentais, favorecendo uma representação menos caricatural e mais realística. O *model sheet* de Azur mostra uma versão renderizada em cores, mas utiliza desenhos-base para descrever sua postura, adereços e interação com seu ambiente.

2D a 3D

Ocelot baseou seu uso de animação gerada por computador nas abordagens desenhadas. Isso permitiu acrescentar um maior grau de detalhe aos designs, e uma liberdade de expressão e desenvolvimento criativo do filme, que de outra forma seria inibida pela necessidade de controlar os aplicativos e programas de computador. Ele salienta: "Tudo se baseia no desenho. Nós levamos muito mais tempo com os preparativos feitos à mão do que com a animação, em si. E o pessoal da computação ficou muito satisfeito com o que entregamos para eles; *storyboard*, *model sheets*, animatic".

Na verdade, para quem deseja ingressar na indústria, ter habilidades técnicas avançadas não é o suficiente; a capacidade de animar em um estilo neoclássico ou uma abordagem "mão na massa" ao desenho ainda são requisitos básicos. Muitas vezes, o trabalho em 2D é feito por uma equipe diferente da animação em 3D, porém, cada vez mais, essas habilidades devem caminhar juntas. A escala do trabalho realizado pela equipe de Ocelot em 2D permitiu facilitar imensamente o trabalho em 3D, simplesmente porque as informações reveladas pelo desenho permitiam que a animação acontecesse. Para Ocelot, no entanto: "A parte mais importante de dirigir um filme de animação é o *storyboard*. Eu invento minhas histórias e escrevo os diálogos, mas só quando desenho o *storyboard* é que tudo toma sua forma final, inclusive os diálogos. Desenho os *model sheets* das personagens principais; um colaborador desenha o restante do elenco. Todos os fundos são desenhados primeiramente sobre papel, e então digitalizados e coloridos; esses valores e padrões são posteriormente criados no computador. Acredito que o estilo consistente é um produto de eu ter estado lá o tempo todo, facilitando para meus colaboradores toda a documentação de que gosto e eles necessitam.

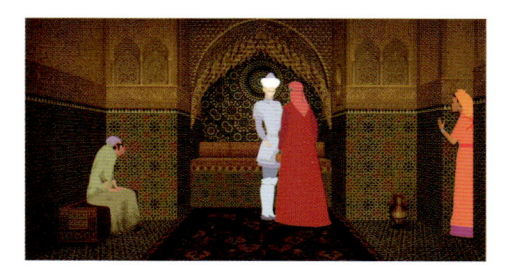

À medida que Ocelot avança no processo, ele efetivamente mantém o estilo que seus desenhos originais sugerem, bem como as premissas conceituais por trás da história, que surgiram através deles: "O desenho é qualquer coisa e qualquer forma e qualquer tema e qualquer movimento que você quiser! De forma alguma o desenho está limitado à animação no estilo Disney (o 'estilo', hoje em dia, acaba sendo substituído por material proprietário gerado por computador, de qualquer forma). Ele possui uma liberdade simples que os computadores, escravos da matemática, da perspectiva etc., não têm (a principal desvantagem, no entanto, é a chatice dos desenhos intermediários...)."

Ocelot insiste, com razão, que é a liberdade de desenhar no estágio inicial que permite uma melhor resistência à estética dominante criada pela animação "neotradicionalista", ou às aplicações fáceis de uma variedade de programas de computador. O desenho permanece sendo a melhor ferramenta para permitir uma abordagem original, desafiando o software e seus limites, sem submeter-se a eles. O desenho também é uma boa base para uma animação de sucesso, e permanece sendo seu veículo mais pertinente.

Ocelot ainda nos lembra: "Por um lado, eu nunca tento ser revolucionário; por outro lado, nunca penso em fazer o mesmo que outra pessoa. Eu amo os egípcios, os gregos (pinturas em vasos), a Renascença (sim, sobretudo os desenhos! Michelangelo, entre outros), o Japão (Hokusai, 'o velho louco por desenho'), a Pérsia, os ilustradores britânicos da virada do século (quero dizer, entre o XIX e o XX), a lista é infinita e não para de crescer".

◀

título
As Aventuras de Azur e Asmar

animador
Michel Ocelot

Os esboços de Ocelot dão uma ideia da natureza do movimento, dos gestos e da cultura das personagens à medida que elas interagem. O desenho se torna o indicador mais direto da performance pretendida, que pode ser imediatamente identificado na obra finalizada e renderizada.

KIM RICE

DON'T FEED THE MOUSE!

angle of incidence = angle of refl

Desenho e narrativa

Ao longo deste livro, é dada ênfase à versatilidade do desenho para facilitar o processo de animação. O desenho é, em primeiro lugar, uma ferramenta complexa para expressar uma variedade de ideias e pensamentos, mas é também uma ação procedimental para o desenvolvimento e a investigação do material. Enfatizou-se como o desenho de animação verdadeiramente sugere e comunica conceitos e emoções por meio de suas aplicações e técnica. Este capítulo explora como o desenho pode ajudar a facilitar a narrativa, não apenas pela visualização da história, mas também pelas formas como as ferramentas disponíveis para o animador, o idealizador ou o roteirista podem ser usadas como modelos de sugestão e experimentação e prontamente complementar os processos já estabelecidos para pensar na geração de material.

◄

título
Box improvisation

animadora
Kimberley Rice

Sketchbooks como recursos narrativos

O animador e professor Peter Parr destaca a importância de manter um *sketchbook*: "Um *sketchbook* pode ser tão pessoal ou público quanto você quiser. O fato de você ter um e frequentemente utilizá-lo para observar, registrar, traduzir, fantasiar e até mesmo se divertir é uma prova do seu compromisso. Cada traço de lápis ou rabisco que você faz em seu *sketchbook*, seja bom ou ruim, passa a fazer parte dos importantes degraus que você precisa galgar em seu processo criativo. Resista à tentação de arrancar páginas de seu caderno. Um esboço, não importa o quão sutil, sempre deve ser guardado, pois será utilizado mais cedo ou mais tarde. A utilidade primordial do esboço, para você, foi a criação. Seus esboços servirão de base uns para os outros, no mapeamento de sua busca".

Desenhos em *sketchbook*

artista
Peter Parr

Os desenhos em *sketchbook* revelam respostas imediatas a estímulos visuais, atração por questões de detalhe e perspectiva e modelos comparativos de objetos e figuras.

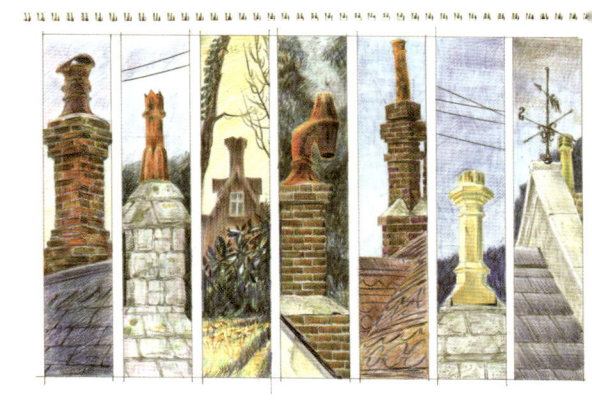

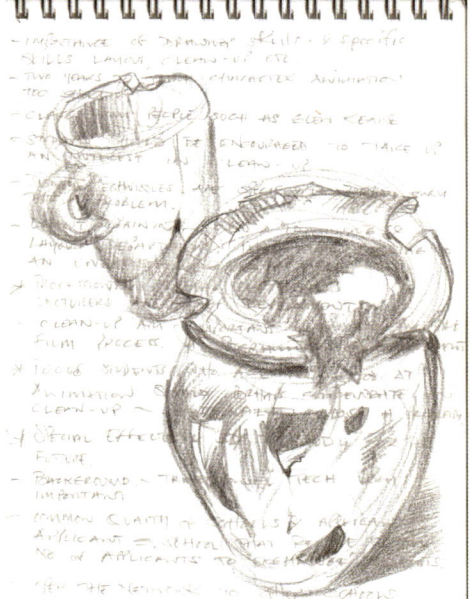

Essa "busca" é especialmente importante por não ser inerentemente motivada pelo resultado exigido, servindo para gerar recursos importantes que podem ser utilizados a qualquer momento. Da mesma forma que o dramaturgo Mike Leigh, por exemplo, pode criar material a partir de seu elenco, o animador utiliza o desenho como uma ferramenta através da qual registros, fantasia e deliberações podem ser compreendidos, oferecendo inspiração, história e ideias básicas para o desenvolvimento de personagens, contextos e culturas.

Parr acrescenta, ainda: "Em meus *sketchbooks*, gosto de experimentar com diversas ferramentas de desenho, do convencional ao extraordinário, e com uma vasta gama de técnicas para interpretar o que vejo. Eu olho, penso e vejo, antes de começar a desenhar. Que materiais seriam mais adequados ao tema? Devo experimentar algo novo? O *sketchbook* é um lugar importante para expandir e preservar seu conhecimento, durante sua busca pelo desenvolvimento de suas habilidades de desenho. Seja receptivo para explorar a natureza, a arte e os artistas, escultores ou animadores em seu caderno: ele é o diário de seu desenvolvimento como artista. É ele que oferece a você os meios para registrar ideias e observações que lhe ajudarão a construir um recurso para servir de base para sua obra".

Sketchbooks como recursos narrativos

Desenvolvendo habilidades de desenho

Desenvolver as habilidades de desenho é algo que está intrinsecamente relacionado à busca de ideias e conceitos; a palavra "habilidade" pode sugerir uma evolução específica na técnica, mas a capacidade de se expressar graficamente como meio de atingir um fim – não necessariamente com um alto padrão de qualidade ou até mesmo de forma finalizada, exceto no sentido de "completude" – também é importante. Isso, por sua vez, está relacionado ao que o animador experimental Len Lye chamou de "coisas corporais" – a forma como os sentimentos expressivos emitidos através do corpo encontram correspondência com as formas mais diretas de sua expressão por meio do desenho e de outras aplicações físicas. Segundo Peter Parr: "No meu entendimento, se o seu *sketchbook* está na sua mochila e não na sua mão, você não está com ele! O ato de carregar o caderno na mão é o que desperta sua curiosidade".

Essa declaração reconhece que, para muitos, o desenho tornou-se um ato deliberado e técnico, ao invés de uma forma de atender ao imediatismo de uma resposta que é sentida. A variedade de perspectivas possíveis expressas em um *sketchbook*, aliadas ao aspecto lúdico de lidar com ideias, garante um maior vocabulário para a criação de personagens e ambientes.

A personalidade por trás da expressão será essencial para criar material novo e ideias envolventes.

Para Parr, isso é crucial: "Meus próprios *sketchbooks* são um conjunto de desenhos e descobertas que preservam e interpretam minhas observações para que eu possa explorar e monitorar minhas habilidades. Eles me mantêm visualmente consciente e tecnicamente condicionado, da mesma forma que um artista performático ensaia ou um fisiculturista desenvolve seus músculos. Se você parar de usar seu *sketchbook*, corre o risco de sucumbir aos velhos demônios da incerteza e da insegurança. Seu *sketchbook* pode ser um tesouro de referências e brincadeiras, que pode levar à descoberta e realização de seu desenho". É importante reiterar que, sem a livre expressão, as habilidades de desenho não podem ser desenvolvidas e aprimoradas, o que acabaria não justificando plenamente o uso do desenho como veículo para encontrar sentido e efeito em um filme de animação.

Esboços

artista
Peter Parr

Parr lida com contextos artísticos e materiais – a obra de Rodin, a cidade de Veneza, partidas de futebol etc. – para abordar questões de escala, detalhe e perspectiva, e ao mesmo tempo busca abordar a vitalidade e a emoção/movimento de qualquer imagem, sua principal ferramenta como animador.

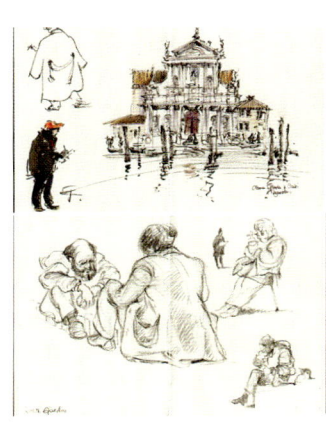

A personagem como narrativa

Em estilo semelhante ao do cineasta *live-action* Mike Leigh, Les Mills e Joanna Quinn buscam conceber a personagem de maneira a facilitar a narrativa. Criando-se uma rica história de fundo e garantindo que as experiências das personagens sejam vistas a partir de diferentes perspectivas, a narrativa pode surgir através de exposição e sugestão, e sob a forma de eventos dramáticos. Isso também permite o processo de visualização. As tentativas, por parte da própria Joanna Quinn, de usar a narratividade das tiras em quadrinhos para desenvolver técnicas de narração concisas ilustram também as formas como as imagens visuais são capazes de capturar a narrativa. Como aponta Mills: "A única coisa que todas essas tiras em quadrinhos têm em comum é o fato de que as personagens eram todas bem observadas e desenhadas com maestria. Claramente, Joanna estava mais interessada no realismo mundano do que na fantasia. Joanna começou a desenhar tiras em quadrinhos sobre incidentes que aconteciam com ela. Eram baseados na realidade, mas exagerados. No entanto, ela estava sempre frustrada, porque achava que nunca conseguia capturar a qualidade dinâmica de seus heróis".

De muitas formas, essas frustrações induziram à evolução das habilidades de desenho de Joanna Quinn, e seu desejo cada vez maior de tornar-se animadora. Mills e Joanna encaravam sua representação das condições pessoais da existência como algo intrinsecamente político. No caso de Joanna, isso dizia respeito à presença e ao efeito das mulheres, crítica e culturalmente. Mills comenta: "Grande parte da animação independente britânica havia sido dominada por homens, e geralmente apresentava personagens **estereotipadas**, em especial as femininas, que eram, em suma, representações horrivelmente sexistas e dóceis das mulheres – muitas vezes fabricações das fantasias masculinas. No entanto, no fim dos anos 1970 as coisas começavam a mudar, devido à influência do movimento feminista, da animação do leste europeu – incluindo as obras de Jan Svankmajer – e dos movimentos de vanguarda americanos e canadenses na animação e no cinema marginal, com as obras de Norman McLaren e Robert Breer."

▶

título
Girls Night Out

animadora
Joanna Quinn

Alguns experimentos iniciais para Beryl, que exploram as possibilidades em termos da aparência de seu rosto, da configuração de seu corpo e dos tipos de roupas que ela veste.

Estereótipo é a caracterização baseada em uma característica dominante, ou que reproduz comportamentos sociais. A animação pode investigar essas tipologias e, muitas vezes, criar personagens complexas, definidas por seus estados interiores.

Desenvolvimento de personagem

Embora Joanna Quinn tenha aprendido que a narrativa pode ser concebida a partir de uma variedade de abordagens diferentes, seu interesse verdadeiro eram as personagens. Ela mesma explica: "É muito difícil identificar exatamente de onde veio a personagem Beryl. Acho que seu **caráter** foi livremente inspirado por várias mulheres que conheci. A mais óbvia foi minha mãe."

Caráter é forma como alguém age e se comporta, desenvolvida de forma espiritual, moral, social e prática por meio de suas escolhas.

A personagem como narrativa

Mills acrescenta, ainda: "Escolhemos o nome da personagem, Beryl, porque ela representava a Grã-Bretanha da classe operária nos anos 1940 e 1950. Chegamos a cogitar outros nomes – Ethel, Elsie, Doris, Mabel, Doreen –, mas Beryl parecia perfeito, e acabamos ficando com ele. Depois de decidir que Beryl seria a personagem central em qualquer narrativa, era hora de examinar com precisão as circunstâncias de sua existência. Nós dois havíamos trabalhado em fábricas, produzindo uma variedade de produtos, e o tédio e a monotonia de uma existência na linha de produção tinham um profundo efeito sobre nós. Tomar consciência de que uma parcela substancial da população tinha de aguentar isso durante a maior parte de suas vidas foi uma lição salutar".

Em uma resposta direta ao machismo de seu tempo e ao ceticismo generalizado acerca do sucesso real do movimento feminista, Joanna fez *Girls Night Out*, um filme sobre Beryl indo a um show de *strip- -tease* masculino. Mills observa: "Imbuída do verdadeiro espírito de pesquisa, Joanna foi a uma noite de *strip-tease* masculino e voltou chocada com o frenesi da ocasião. Aquela foi sua primeira experiência de desejo sexual feminino em escala coletiva, e ela ficou impressionada com as reações das mulheres." De muitas formas, tudo isso foi muito benéfico para o desenho de Joanna, porque não apenas serviu de base para o tipo de ação narrativa que poderia ocorrer dentro do filme, como também contribuiu para a energia intrínseca do traço.

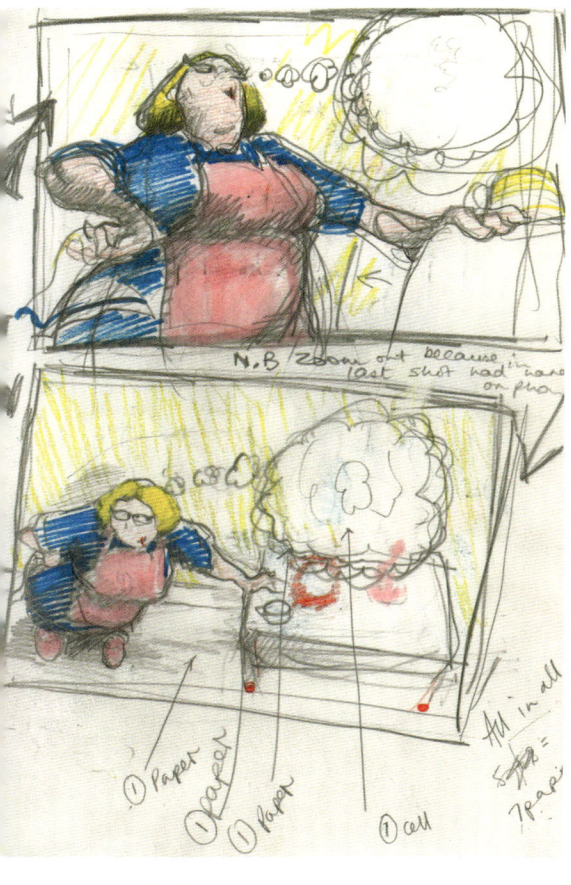

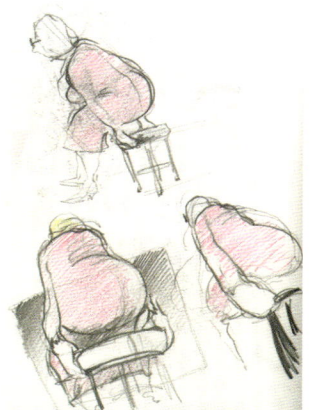

título
Girls Night Out

animadora
Joanna Quinn

Joanna começa a dramatizar Beryl por seu movimento em situações específicas, mesmo em algo corriqueiro como sentar-se em um banquinho. Essas breves vinhetas de experiência tornam-se um estímulo para o desenvolvimento narrativo.

A personagem como narrativa

Considerações sobre a personagem

Esse foi o início do desenvolvimento de Beryl como protagonista anti-heroína que levou diretamente a *Body Beautiful*, um filme mais longo e de roteiro mais fechado, que explorava em maior profundidade Beryl e suas colegas de trabalho, e apresentava papéis masculinos mais definidos: o infame Vince e um marido mais benigno e simpático, Ivor. Mills e Joanna lembram: "A base para este roteiro era continuar buscando a ideia de uma figura feminina oprimida – Beryl – lutando contra o preconceito e o deboche em um ambiente predominantemente masculino – mais uma vez, uma fábrica no País de Gales. Exploramos muitos cenários usando esportes e jogos como contextos possíveis – hóquei no gelo, beisebol etc. –, mas rapidamente abandonamos essas ideias por conta da complexidade dos contextos e, obviamente, da tarefa hercúlea da própria animação (imenso número de figuras em movimento, pontos de vista complexos etc.). Assim, acabamos decidindo que, se iríamos desenvolver Beryl enquanto personagem, deveríamos continuar no tema da camaradagem e da unidade feminina no ambiente de trabalho, com uma heroína improvável desafiando uma figura de machão dominador em seus próprios termos, e triunfando no final. Essa parecia uma proposta muito mais viável, e daria um escopo mais amplo para o desenvolvimento da personagem em uma escala mais íntima e humana".

As decisões motivadas pela narrativa e pelas personagens, tomadas por Mills e Joanna, tinham como base a natureza do desenho exigido, bem como o tempo e os recursos disponíveis. Atividades esportivas complexas, por exemplo, foram evitadas, por conta da dificuldade de representá-las. Concentrar-se nisso criaria, em última instância, uma distração de Beryl e daqueles ao seu redor como foco central da narrativa. Como sugerido na página 91, o ambiente também pode tornar-se uma personagem rica, sugerindo possibilidades narrativas.

Mills observa: "Decidimos refletir isso atualizando a situação de trabalho de Beryl de uma fábrica de bolos [para uma fábrica de eletrônicos], especificamente a da Sony. Ao mesmo tempo, queríamos também refletir questões que a própria Beryl, enquanto mulher mais velha e madura, poderia encarar diariamente. Neste caso, era um problema de peso – a luta de Beryl contra seu corpo em expansão se tornaria o foco de atenção, em combinação com sua luta contra o deboche e a humilhação por parte da figura do machão Vince."

Mais uma vez, a representação do corpo é um dos aspectos mais fundamentais para a animação, mas ao invés de simplesmente operar sobre termos e condições funcionais para retratar uma personagem, o corpo é usado para lidar também com a experiência subjetiva da personagem.

> A representação do corpo... em vez de simplesmente operar em termos e condições funcionais para retratar uma personagem, é usada para lidar também com a experiência subjetiva dessa personagem.
>
> Paul Wells

Estrutura narrativa de Body Beautiful

Introdução
Vince, um supervisor da fábrica, é ouvido enaltecendo suas conquistas sexuais entre jovens que trabalham ali, e insultando a forma física e a aparência de Beryl. Isso estabelece o tema central do filme e a tensão entre Beryl e Vince.

Realização
Beryl é incentivada a fazer dieta para que possa participar como bailarina, junto com suas colegas, de uma apresentação da empresa, mas resiste.

Estratégia de ação de Beryl
Beryl decide matricular-se em uma aula noturna de fisiculturismo e inicia uma intensa rotina de treinamento. Isso busca uma resolução para a narrativa, e ao mesmo tempo oferece uma ação significativa em direção à mudança.

Clímax e resolução
Beryl participa do concurso de beleza física "Body Beautiful" e vence.

título
Girls Night Out

animadora
Joanna Quinn

Joanna Quinn supera a narrativa ao estilo das tiras em quadrinhos *Girls Night Out* (ver página 30) e começa a jogar com o potencial cinematográfico e coreográfico de suas personagens e do show de *strip-tease* masculino.

A personagem como narrativa

Ilustração e narrativa

Os egressos da Supinfocom Alexandre Bernard, Pierre Pages e Damien Laurent basearam a narrativa de seu filme, *Marin* (2007), no relacionamento específico entre um marinheiro e seu peixinho dourado de estimação. Bernard observa: "Queríamos dirigir uma história original, baseada no relacionamento entre as personagens com sequências de contemplação, ação e atuação. Tudo é baseado em contraste: o marinheiro é forte, o peixe é minúsculo e precisa de água; eles estão em um mundo onde toda a água desapareceu".

A equipe estabeleceu um código de cores nos desenhos originais de design, que serviria de base para a narrativa: "As cores do filme evoluem com a história, e desenvolvemos uma técnica de **ilustração** em 2D usando uma mesa de luz. Há três cores principais que resumem o filme: o marrom-claro do ambiente estéril e desértico sem água; o azul-petróleo para as sequências embaixo d'água, sugerindo o retorno da vida; e o vermelho para as personagens e sua esperança: o peixe, a camiseta do marinheiro, o barco e o farol".

título
Marin

animadores
Alexandre Bernard, Pierre Pages e Damien Laurent

Os códigos de cor em *Marin* narra e dramatiza a ação. Vermelho significa esperança; azul sugere vida; marrom, esterelidade.

Ilustração é o desenho narrativo que serve de base à interpretação específica de um texto ou conceito, partindo de princípios gráficos estáticos, que literalmente interpretam ou sugerem, de forma associativa, eventos e desenvolvimentos na história.

O emprego, por parte da equipe, do simbolismo das cores em diferentes contextos em que a dramatização poderia ocorrer permitiu um imediatismo na leitura das imagens. A ilustração muitas vezes parte de uma estilização específica que expressa seu imediatismo e que, neste caso, também está a serviço da animação gerada por computador.

▼

Estudo para o marinheiro

animadores
Alexandre Bernard, Pierre Pages e Damien Laurent

A personagem principal do marinheiro tem qualidades míticas e cotidianas para enfatizar tanto seu heroísmo quanto sua compaixão: embora a narrativa trabalhe em escala épica, sua mensagem primária é a de que, em face a todas as dificuldades, a humanidade retém sua capacidade de amar de forma incondicional e abnegada.

Bernard prossegue: "Decidimos que o marinheiro deveria ter a aparência de um herói da mitologia grega e de um 'Papai Urso'. Os designs da personagem se baseiam em formas simples e estilizadas com o mínimo de anatomia para serem animadas; isso foi útil para obter silhuetas interessantes e clareza gráfica nas poses. Na animação gerada por computador, as personagens e o ambiente são construídos em 3D. No entanto, em momento algum esquecemos que o processamento final seria uma imagem bidimensional e, portanto, as regras da composição de imagem e as incríveis formas e silhuetas que podem ser obtidas na animação são as mesmas para a animação em 2D e em 3D. A pré-produção é essencial para fazer um filme de animação gerado por computador, porque os computadores, por definição, são inanimados, desprovidos de sensibilidade artística e usados apenas como ferramentas. Nós apenas tentamos manter a vida e as qualidades artísticas que estavam em nossos designs conceituais, e buscamos também uma correspondência com a composição estabelecida em nosso *storyboard*".

A personagem como narrativa

Embora muitos digam que o computador não passa de uma ferramenta no processo de criação de um filme, Bernard vai mais longe, e sugere que, a não ser que a vitalidade e a sensibilidade de design possam ser prontamente traduzidas para imagens geradas por computador, ele pode muito bem ser uma ferramenta inadequada. Para esse propósito, a decisão da equipe, de alinhar técnicas de ilustração com animação, foi altamente relevante para a obtenção de um resultado convincente. Isso está fortemente relacionado ao comprometimento da equipe com o desenho: "O desenho é muito útil na pré-produção; quando construímos uma história, há muitos vaivéns, com retomadas da narrativa pretendida; é fácil e rápido incluir ou excluir um esboço caso a ideia que ele ilustra não seja adequada para a história. É no *storyboard* que as ações estão definidas claramente e as intenções de composição são estabelecidas em uma direção específica, com um ponto de vista artístico particular."

A equipe de *Marin* criou um animatic em paralelo ao desenvolvimento do *storyboard*, especificamente para abordar o ritmo da obra e o sucesso da abordagem ilustrativa (ver páginas 86-89). Mais uma vez, Bernard enfatiza: "O processo de design em 2D para as personagens e o ambiente é muito útil, porque é nessa etapa que a unidade gráfica pode ser verificada. Em animação, as miniaturas são uma boa forma de encontrar poses espontâneas e cheias de vida, por tratar-se de algo que pode ser feito em apenas dez ou quinze segundos, ao invés de tomar cinco ou dez minutos buscando uma boa pose mexendo em cem controladores diferentes no computador."

Encontrar essas poses é uma retomada das abordagens tradicionais de desenho: "A animação é baseada na observação da vida real; acreditamos que desenhar gestos, assistindo à televisão ou observando pessoas nas ruas, ajuda a desenvolver um olhar para animação. Os animadores da Disney faziam aulas de desenho de gestos com gente como Walt Stanchfield. Era assim que eles aprendiam não apenas a desenhar o que viam, mas também a caricaturar levemente o movimento, o suficiente para criar desenhos mais vivos, sem perder a verossimilhança. Se você quiser ver alguns dos melhores desenhos de animação, basta olhar para alguns trabalhos de Glen Keane – eles são irregulares, ousados e vivos; é possível sentir o movimento! Não ignoramos os outros estilos de desenho de animação, mas sentimos que nossa abordagem para este projeto é a mais próxima do trabalho da Disney".

título
Marin

animadores
Alexandre Bernard, Pierre Pages and Damien Laurent

Visão comparativa do *animatic* da equipe de *Marin* – os desenhos/dramatização primários – com a versão finalizada das cenas. Isso ilustra plenamente a importância dos desenhos originais para capturar a narrativa, as relações entre personagens e as ações essenciais.

114 | 115

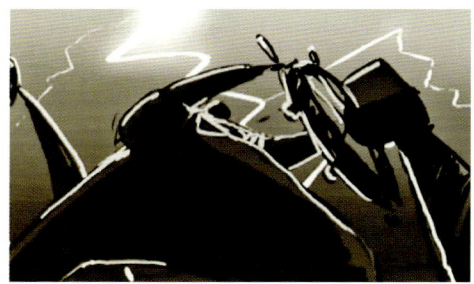

Sketchbooks como recursos narrativos > A personagem como narrativa

A personagem como narrativa

Narrativa da dança

Norman McLaren foi um dos primeiros mestres a enfatizar a relação entre dança e animação, argumentando que ambas as formas de arte apoiam-se na ideia de expressão por meio do ato consciente do movimento. Qualquer um que vá a um espetáculo de balé ou dança contemporânea reconhece a narrativa na expressão física dos artistas e, embora a música também possa ajudar a construir a conotação emocional da peça, é a natureza do próprio movimento corporal que comunica sentimentos e ideias específicos. Em seu filme *Pas de Deux* (1968), McLaren reanimou uma sequência de dança sobrepondo as imagens.

Vários outros animadores/diretores, entre eles Monique Renault, Antoinette Starkiewicz, Gianluigi Toccafondo e George Miller, experimentaram com os estilos da dança, mas Erica Russell talvez tenha forjado a aliança mais próxima entre as "coisas corporais" da expressão por meio do desenho e o profundo efeito da dança em si. Em *Feet of Song* (1988), ela explorou o aspecto lírico e alegre da dança como expressão pessoal, e em *Triangle* (1994), olhou para a paixão que está no cerne do clássico *ménage à trois*. Sua obra seguinte e mais desafiadora, *Soma* (2001), não foi tão bem recebida pela crítica.

Soma olha para o corpo de forma diferente. Erica Russell está muito mais preocupada com o corpo como conceito urbano: vital, porém vulnerável; altamente motivado, porém fragmentário e incoerente. Este é o corpo do *break* – as danças de rua que refletem a obra do artista nova-iorquino Basquiat, e não a dança da performance teatral. A atenção mais irregular e menos fluida aos limites do corpo traz consigo um espírito modernista, que em parte engaja o corpo como máquina, mas também como organismo propenso a uma possível decomposição ou declínio. Expressões intermitentes surgem na tela – "laços de sangue", "jogo de corpo", "chicote nas costas", "algemas nos pés" –, sugerindo o corpo em conflito com o ambiente e consigo mesmo. Este não é o corpo cheio de prazer, desejo e alto astral, mas sim o corpo em agitação violenta, sujeito às vicissitudes arbitrárias do mundo pós-moderno. O desenho e as pinceladas de Russell aterram o corpo no cotidiano e no caótico, resistindo à fuga elevada e etérea e à impessoalidade da dança. Em toda a sua obra, ela captura a própria experiência do corpo através de suas formas desenhadas, e expressa sua visão pessoal do movimento.

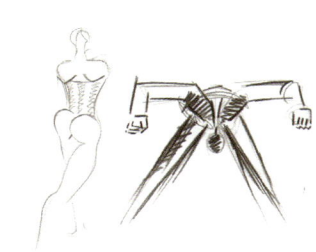

título
Soma

animadora
Erica Russell

Erica brinca com a concepção modernista do corpo como máquina, redefinindo "soma" como um organismo urbano quase industrializado, cujo movimento é submetido aos novos padrões de existência repetitiva e habitual aos quais busca resistir. O corpo passa então a exibir características baconescas de tensão consigo mesmo, operando no limiar entre o controle e o colapso.

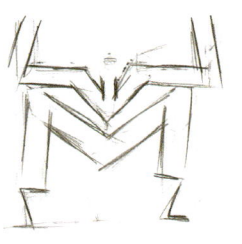

A personagem como narrativa

Narrativa infantil

Usar o desenho como ferramenta narrativa em animações infantis é especialmente importante, pois há um forte laço empático entre a prática criativa das crianças e os mundos animados. Esses mundos são muitas vezes desenhados – espelhando o desenho das próprias crianças ou as ilustrações de livros infantis – ou produzidos em 3D com técnicas de animação *stop-motion* – de modo a lembrar os ambientes 3D de brinquedos com os quais as crianças brincam.

Para ser bem-sucedida, uma animação infantil requer um trabalho de alta qualidade e habilidades narrativas específicas. Esse tipo de trabalho requer, em especial, versatilidade e capacidade de resposta ao público. Curtis Jobling, roteirista, ilustrador e animador, tem essa versatilidade e se manteve aberto aos desafios durante o desenvolvimento de sua carreira. Jobling explica: "Recebi uma ligação de Jackie Cockle, produtora do recém-criado HOT Animation Studios. Ela conhecia meu trabalho e perguntou se eu teria interesse em criar o design de um programa em *stop-motion* para o público em idade pré-escolar a ser comercializado pelo estúdio. O programa era *Bob, o Construtor*, e naquele momento tratava-se de uma tela em branco.

Embora Jobling tenha precisado criar *Bob, o Construtor* em três dimensões, a evolução da personagem foi essencialmente obtida durante a etapa de design: "O primeiro desenho de Bob que eu enviei precisou ser alterado ao longo do processo, mas não muito. Eu havia desenhado ele com pés e mãos minúsculos. Isso nunca seria prático para um programa infantil com bonecos de *stop-motion*. Nossos bonecos precisavam ser capazes de se sustentar firmemente nos cenários, sem oscilar ou cair... Então, dei pés maiores para Bob, e isso nos permitiu acoplar placas de metal por baixo deles, cobrindo uma pegada maior. Durante a animação, colocávamos ímãs abaixo do cenário, posicionados diretamente sob os pés, para segurar Bob e os outros bonecos no lugar".

Essas observações ajudam a enfatizar que, ao desenhar com o design em mente, é necessário que haja certo pragmatismo por trás da criação. Ter algum conhecimento acerca de como o desenho será usado, ou quais serão as aplicações com as quais ele irá dialogar, deve fazer parte do arsenal do aspirante a designer de animação, e requer pesquisa.

título
Bob, o Construtor

animador
Curtis Jobling

Os esboços originais de Jobling para o já icônico Bob, o Construtor, e seu gato, Pilchard. O bigode de Bob foi mais tarde removido por torná-lo velho demais para um público infantil.

O design de Bob foi ditado pela aparência que as outras personagens humanas no programa teriam. Trabalhando com um boneco genérico careca e nu, que servia para personagens femininas e masculinas, tive apenas que criar os designs de perucas e figurinos para cada nova personagem introduzida no programa.

Curtis Jobling

A personagem como narrativa

Uma das maiores vantagens de Jobling é seu olhar refinado para a caricatura cômica e para a criação de construtos visuais ricos, que se inspiram em outras fontes pictóricas bem conhecidas e em contos da literatura, que já são, por si só, riquíssimos em histórias ilustrativas. As capacidades ilustrativas de Jobling são evidenciadas no livro de Jon Emmett, *Os Dinossauros Sonhadores*, e em sua própria história, *O Gato de Frankenstein*: "Eu costumava viajar de Warrington para Londres frequentemente, para reuniões com estúdios de animação, colaboradores e editoras. Em uma dessas viagens, impus a mim mesmo a tarefa de criar a base de um livro ilustrado durante a viagem de pouco mais de duas horas. Foi assim que *O Gato de Frankenstein* nasceu. Eu havia escrito os primeiros quatro parágrafos da história durante a viagem, e tive tempo até mesmo de pegar a caneta e esboçar a aparência que imaginava para Nine, o gato de Frankenstein. Seu nome era Nine (nove, em inglês), não só pela lenda, na cultura anglo-americana, de que os gatos têm nove vidas, mas também porque foram necessários nove gatos para criá-lo. Ele era feito de retalhos, costurados atropeladamente a partir de sobras de outros felinos, mas, para mim, era instantaneamente reconhecível. Para um design de personagem que foi criado durante uma viagem de trem, sacudindo ao longo da West Coast Main Line, ele era o mais próximo que eu já havia chegado de uma personagem que fazia exatamente aquilo a que se propunha".

Aqui, é importante observar que o desenho de Jobling está a serviço de um conceito básico elaborado a partir de uma fonte literária. O monstro de Frankenstein, no romance de Mary Shelley, é um compêndio de pedaços humanos; assim, faz sentido que o gato de Frankenstein seja construído de forma semelhante, porém dentro de uma estratégia de design.

O "rabisco multicolorido" de Jobling foi selecionado para se tornar uma série infantil animada. O interessante é que o desenho/animação, em si, foi essencial para sinalizar que o gato de Frankenstein não é um gato de verdade – algo que devia necessariamente ser comunicado ao público mais novo – e, ao mesmo tempo, enfocar a fantasia plausível da personagem, garantindo que as crianças saberiam que o gato de Frankenstein é uma ideia engraçada. Séries como *Rir É Viver (Funnybones)* e *Grizzly Tales for Gruesome Kids* adotam premissas góticas similares, jogando com a atração que as crianças sentem por piadas repulsivas e humor pastelão.

▶
título
O Gato de Frankenstein

animador
Curtis Jobling

O livro infantil original de Jobling, *O Gato de Frankenstein*, apresenta Nine, um gato "costurado" a partir de retalhos de nove desenhos de gatos diferentes.

Desenho e narrativa

título
O Gato de Frankenstein

animador
Curtis Jobling

O esboço original de O Gato de Frankenstein no caderno de Jobling; um testemunho da importância de ter consigo e usar constantemente um sketchbook. Esse esboço foi produzido essencialmente como uma reflexão posterior, mas a qualidade da ideia e da concepção visual inicial era tamanha que seu potencial foi imediatamente reconhecido.

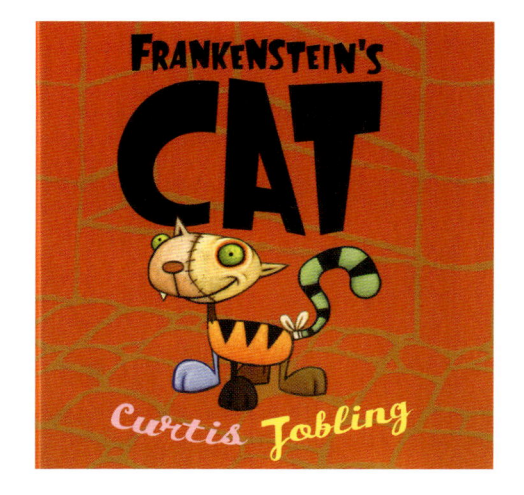

A personagem como narrativa

Jobling queria trabalhar com a Mackinnon & Saunders, com quem já tinha feito *Curious Cow*, e, uma vez que eles queriam se tornar uma produtora independente, Jobling levou para eles a proposta de *O Gato de Frankenstein*. Como seus designs podiam ser produzidos pela tecnologia disponível, eram economicamente viáveis. Acima de tudo, Jobling manteve o estilo que era sua assinatura: "O design de Nine, em si, passou por mudanças muito sutis do livro para o programa de TV. Você vai reconhecer os pés enormes e desajeitados que aparecem em muitas das minhas personagens. As mudanças podem ser vistas na cauda – para tornar nosso gato ainda mais diferente dos outros felinos animados que já existiam, troquei a cauda fina e listrada por uma que parecia quebrada, decorada com bolinhas e na forma de uma manivela. A cor, verde, foi mantida. À medida que desenvolvemos a estrutura narrativa, percebemos que Nine precisava de um amigo. Foi aí que Lottie entrou em cena".

A ênfase de Jobling na história e na centralidade da personagem não deve ser subestimada, mas a visualização da obra como um todo é fundamental para seu apelo em potencial e, em última instância, para seu sucesso mercadológico. No entanto, muitas histórias infantis inevitavelmente apresentam uma personagem principal e seu bichinho de estimação – William e Barksure, O Carteiro Pat e seu gato preto e branco, o menino e seu gato de estimação na campanha de utilidade pública *Charley Says*, dos anos 1970, e os célebres Wallace e Gromit. O gato de Frankenstein acabou ganhando a companhia de Lottie: "Acontece que Lottie é a única garota no vilarejo de Oddsburg, isolada em uma sala de aula cheia de meninos. Os meninos não a deixam participar de suas brincadeiras, embora todos saibamos que ela é mais inteligente, mais veloz, mais forte e, de maneira geral, melhor que os meninos de mente fechada. No castelo, Nine também está sozinho, cercado de outros bichos de estimação Frankenstein que implicam com ele o tempo todo. Lottie e Nine se conhecem, e sua amizade está no coração do programa. Eles não se adaptam à sociedade, mas se adaptam um ao outro".

◄

título
Curious Cow

animador
Curtis Jobling

Design de personagem e *gags* para a "vaca louca" de *Curious Cow*, que foi animado primeiramente em stop-motion 3D pela Mackinnon & Saunders, e então em 3D por computação gráfica pela Seed Animation.

É raro que um design seja imediatamente aceito, e o redesenho serve para lidar com certas particularidades do público-alvo ou questões corriqueiras de má-interpretação. Jobling explica: "De todas as personagens que já criei para animação, Lottie foi a que passou por mais mutações, porque queríamos chegar a uma forma adequada definitiva. O primeiro design que criei para ela tinha enormes cachos no cabelo, e sua aparência era, de modo geral, de alguém mais novo, algo que chamou a atenção dos executivos da televisão. Para aumentar sua faixa etária e torná-la mais contemporânea, demos a ela *leggings* listradas, botas de beisebol, e a levamos para uma transformação capilar no salão de beleza de desenhos. Não adiantava dar a ela um visual datado, e esse era o desafio. O resto do elenco tem o visual mais idiota que conseguimos aprovar, testando os limites com extremos até onde foi possível."

título
O Gato de Frankenstein

animador
Curtis Jobling

Lottie torna-se parte integrante da narrativa: ela encontra Nine, que também é excluído, e juntos os dois resistem aos tormentos e provocações de seus adversários.

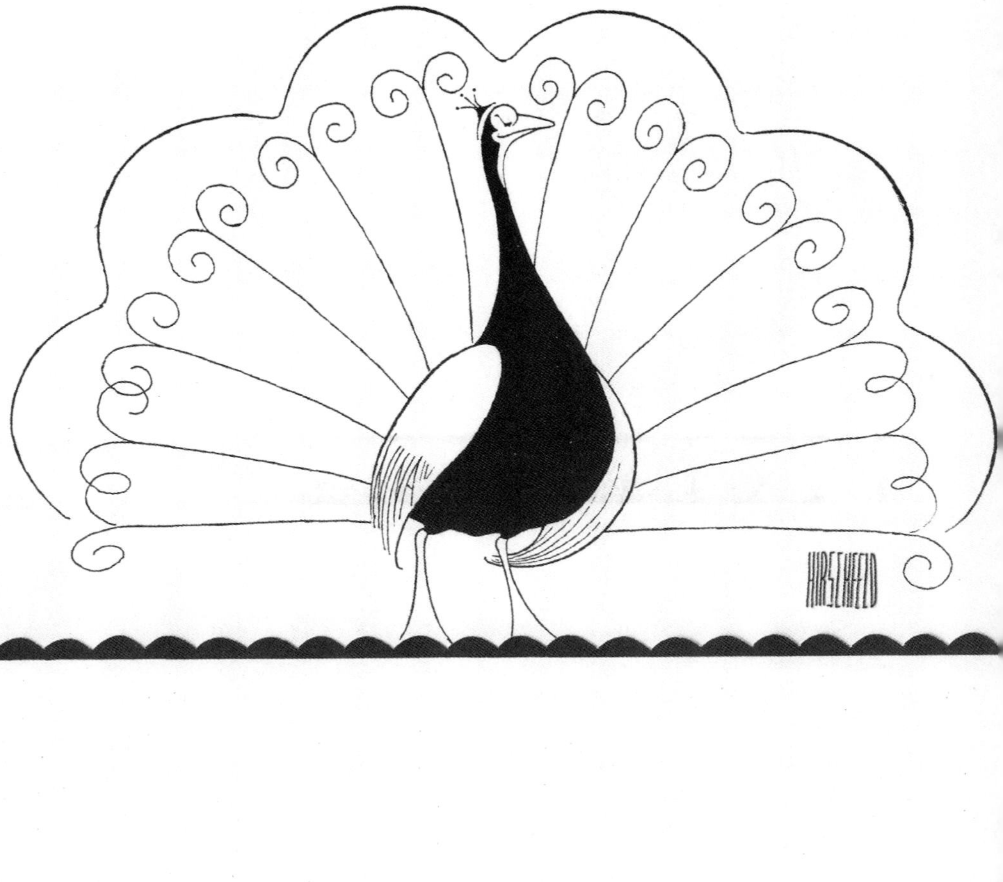
HIRSCHFELD

Desenho e adaptação

A adaptação – processo de animar imagens usando o desenho ou estilo gráfico estabelecido por outra pessoa – tornou-se um aspecto importante do desenho de animação profissional, e cada vez mais quadrinhos e ilustrações vêm sendo transformados para a forma animada. Uma vez que o material original da fonte muitas vezes é desenhado, a adaptação passa por um processo de representação, preservando a integridade das características estilísticas da obra, e ao mesmo tempo encontrando formas de animá-la.

Isso pode ser problemático em diversos níveis. O trabalho de Raymond Briggs com livros infantis, por exemplo, tem um estilo pastel fortemente impressionista que consome muito tempo para ser animado, embora a TVC London tenha conseguido fazê-lo de forma impressionante, em produções como *O Boneco de Neve* (*The Snowman*, 1982), *Quando o Vento Sopra* (*When the Wind Blows*, 1986) e *Father Christmas* (1991). O design gráfico de Heinz Edelmann para *Yellow Submarine* (1968), no entanto, foi tão problemático para animar, com seu uso de listras, planos bidimensionais surrealistas e designs excessivamente decorados, que raramente é copiado, e sua influência acabou sendo menor do que a dimensão do empreendimento levaria a esperar.

◄
título
anúncio para NBC

artista
**Al Hirschfield /
JJ Sedelmaier**

Comerciais

O estúdio J.J. Sedelmaier Productions trabalha com diversos estilos, para vários clientes, e muitas vezes precisa animar o trabalho de um ilustrador ou desenhista famoso. O próprio Sedelmaier observa: "Primeiramente, meu papel nisso tudo é o de diretor/diretor de arte. Muitas vezes, seleciono não só o artista gráfico responsável por criar o design da animação, mas também formo minha equipe de animação com base nos talentos individuais de cada artista. É útil pensar no animador como ator e nos artistas assistentes como coadjuvantes. Embora um bom animador possa trabalhar em uma variedade de estilos e sensibilidades, os assistentes também podem brilhar em determinados campos de desempenho. Eu tento formar a equipe com base nesses pontos fortes.

Cada instância de traduzir uma arte da forma impressa para o filme é diferente – idealmente, PRECISA ser! O estilo de cada artista tem suas próprias qualidades únicas que orientam as escolhas de movimento, o processamento e até mesmo o design de som."

Anúncio para Yellow Pages

animador
**George Booth e
J.J. Sedelmaier**

O *briefing* inicial deste anúncio pedia uma ilustração com traço simples sobre o fundo amarelo característico das páginas amarelas. Embora o trabalho de animação de Booth demonstrasse a qualidade de linha necessária, estava populado de americanos médios excêntricos com um senso de humor ao estilo W.C. Fields. Assim que Booth entrou no projeto, no entanto, o *briefing* foi revisado para acomodar suas personagens e cenários.

Anúncio para Home Savings Bank

animador
J.J. Sedelmaier

O anúncio de Sedelmaier para o Home Savings Bank deliberadamente adapta o estilo modernista de desenhos animados da UPA em meados da década de 1950, sugerindo as obras progressistas de Stephen Bosustow, Dave Hilberman, Zack Schwartz e John Hubley e evocando a segurança dos anos 1950 para os investidores contemporâneos.

Mantendo estilos estéticos

Há diversas razões pelas quais é importante manter a integridade de um estilo gráfico ou ilustrativo estabelecido :

Para dar suporte à autenticidade em uma mídia diferente.

Para atingir novos públicos e clientes em potencial que já estão familiarizados com a obra original do autor.

Para sustentar um estilo que se tornou reconhecido na mídia impressa, tornando-se também original e tocante.

Para manter um ponto de vista autoral, ou um tom específico; por exemplo, a carga satírica das charges políticas.

Para capitalizar sobre o valor icônico do estilo original, agregando sentido e efeito à animação.

Comerciais

Há diversas questões envolvidas quando partimos de uma única imagem estática para criar um comercial animado. Essas questões variam de acordo com o projeto, mas em geral, como Sedelmaier ressalta: "O diretor e o animador devem criar a sensação de que o próprio artista animou sua obra! Eles precisam de um entendimento profundo sobre a forma como o artista/designer se comunica com seu público para que possam traduzir a técnica para outro campo – o da animação – com sucesso. Na maioria dos casos, isso inclui o desenvolvimento de técnicas de animação originais para o projeto."

Ele acrescenta: "A equipe de animação também precisa estar ciente de qualquer 'bagagem' associada à obra do artista. Por exemplo, se o artista escolhido para um determinado projeto tem um estilo reconhecível e uma reputação de sátiras políticas mordazes, o cineasta precisa saber que o público poderá ter noções preconcebidas ao assistir ao material."

Sedelmaier é particularmente adepto dos modelos de adaptação por refutar qualquer assinatura ou estilo próprio e por preferir trabalhar com uma variedade de estilos e papéis: "Não acho que eu tenha um 'estilo'... se você olhar para os projetos cujo design é assinado por mim, tanto impressos quanto em animação, vai encontrar uma grande variedade de abordagens gráficas. Na verdade, eu gosto de me esconder dentro do design ou desenvolvendo estilos, e uma vez que grande parte do nosso trabalho está no universo da paródia e da sátira, é muito útil ser um camaleão do design gráfico."

Análise de desenho

Em qualquer projeto, deve haver uma "análise de desenho" do estilo do artista/ilustrador original e da forma como ele se enquadra no projeto como um todo. Sedelmaier lista aqui as áreas mais importantes que devem ser consideradas:

Identificar a técnica que define a obra do artista (p. ex.: aquarela, bico de pena e nanquim, caneta marcadora, Photoshop, Illustrator).

A sensibilidade da abordagem narrativa do artista combina com a arte (p. ex.: ela é satírica, mordaz, gentil, bem-humorada?).

A partir dessas duas primeiras fases, tanto o movimento sequencial das personagens quanto o movimento da técnica de processamento podem ser determinados – por exemplo, qual deve ser o nível de "oscilação" ou "borbulha" da textura de aquarela?

Por fim, o design de som deve conferir à animação a atitude certa; com o design de som errado, até mesmo a mais bela peça de animação perde o encanto.

▶

título
Anúncios para Charmin

animadora
Joanna Quinn

Joanna Quinn empregou um estilo mais próprio dos desenhos animados americanos nas narrativas comerciais para a marca de papel higiênico Charmin, mas os anúncios ainda mantêm um sutil sabor britânico que ecoa os desenhos animados *Animaland* do pós-guerra, criados pela Gaumont British Animation.

Adaptando um estilo de assinatura

Enquanto a tarefa de Sedelmaier era animar o estilo de ilustração e design gráfico de outras pessoas, Joanna Quinn adaptou seu próprio estilo de desenho para os comerciais da marca de papel higiênico Charmin, que exigiam que ela mantivesse certa integridade na abordagem do design do já icônico urso. Ela explica: "O ponto de partida para mim, quando devo animar um animal, sempre é o desenho de observação; ou seja, visito o zoológico, assisto a documentários sobre a vida selvagem e faço uma compilação de referências fotográficas. Logo, minhas primeiras folhas de personagem são sempre interpretações realistas, e a partir disso tento identificar o que constitui um urso, ou seja, seu peso, a parte posterior do pescoço, o focinho, os olhos, a forma como ele caminha... Meu primeiro *model sheet* foi enviado para a agência, que identificou as características que eles achavam importantes acentuar no urso da Charmin. Em termos de personalidade, eles queriam que o urso fosse confiável, 'pé no chão', amigável, fofo... uma espécie de gigante gentil.

"Munida de seus comentários, voltei ao trabalho e fiz mais alguns esboços que eram menos realistas, mais exagerados e simplificados. A agência fazia suas observações e eu voltava ao trabalho, fazendo mudanças e refinamentos em cada etapa. Devo ter enviado uns cinco *model sheets* de ursos até que eles ficassem satisfeitos. Foi bem difícil e deve ter levado umas duas semanas. Quando vejo os comerciais de Charmin na televisão, tudo o que consigo enxergar no urso sou eu mesma, então instantaneamente sento com a coluna reta e presto atenção à postura dele. Grrrrrr."

Adaptação literária e narrativa gráfica

Tim Fernée ingressou na animação pelo Richard Williams Studio e trabalhou em comerciais e curtas por muitos anos. Seu foco específico sempre foi a adaptação literária, inspirando-se em eventos narrativos e aspectos descritivos de um texto escrito e apresentando esse conteúdo através da linguagem altamente condensada e sugestiva da animação. Ele levou para a Irlanda o primeiro BAFTA de Melhor Animação Infantil por *Sir Gawain and the Green Knight* (2002), atualizando uma história conhecida, embora obscura, para o público moderno, e seus dialetos de ação heroica mostraram-se atraentes para um público mais jovem, versado em composição cinemática, espetáculo e conflito. *Rowlandson Rides Again* (1999) funciona de forma semelhante, e as animações para a web criadas por Fernée, como parte de uma iniciativa alemã para trazer a tradição de contos de fadas para um novo público, buscam permitir que expectadores cada vez menos literários possam ler de uma nova maneira as histórias influentes do passado. Ele desenvolveu, a partir de *Melmoth the Wanderer* (primeiro grande romance gótico irlandês), um longa metragem e uma *graphic novel*.

Comparando as principais características

Graphic novel

▶ Quadro/formato do painel (variação de dimensões e formas para retratar uma única imagem).

▶ Narrativa estática sequencial.

▶ Dispositivos de enquadramento (para mostrar passagem do tempo/movimento).

▶ Letreiramento (contexto e diálogos).

▶ Estilo visual.

▶ Convenções (recorte, encenação, efeitos sonoros, balões de fala e pensamento etc.).

Desenho animado

▶ *Mise-en-scène* (escolhas composicionais/movimento coreografado).

▶ Narrativa sequencial cinética.

▶ Metamorfose/condensação/associação simbólica.

▶ Diálogos/material descritivo apresentado visualmente.

▶ Escolhas estéticas.

▶ Layout/trilha sonora/referência a convenções (utilização de signos visuais reconhecíveis etc. em movimento).

Fernée responde aos contextos distintos da *graphic novel* e do desenho animado com diferentes estilos de desenho, lidando com todas as convenções que surgiram em ambas as formas. Embora tanto a animação quanto a *graphic novel* estejam essencialmente ligadas à visualização, as convenções que servem de base para ambas – a linguagem disponível através da qual a narrativa pode ser expressa – determinam como o ato de desenhar, em si, pode retratar uma ideia ou conceito. Em toda a obra de Fernée, ele se apropria desses códigos e estilos visuais – sejam eles inspirados em fontes das artes visuais ou em estilos gráficos ou de design de interiores – e adapta-os para a animação, porém de forma a direcionar a obra para um público, levando em conta sua consciência ou expectativa em relação a certas formas. Esses tipos de adaptação meramente destacam a inserção do desenho em sistemas de **signos** que surgiram para visualizar as formas culturais, e aos quais Fernée, assim como outros animadores neste capítulo, é altamente sensível.

◀

título
King of the Birds

animador
Tim Fernée

Fernée oferece um conselho: "O desenho serve de base para o mais simples de todos os processos de produção – aqui ele aparece representado por um fotograma de produção feito à mão, retirado do filme *King of the Birds* (1996)."

Signo é o significante visual de uma informação e/ou sentido social e cultural; o papel dos signos é amplamente discutido na análise semiótica.

Adaptação literária e narrativa gráfica

Fernée tem um forte senso de como desenhar pode transportar o clima e a atmosfera de um texto literário, e de como as personagens essencialmente desenvolvem a história. Isso serve de base para sua animação e para sua narrativa gráfica, criando imediatismo através de motivos visuais, símbolos e encenação dramática. Fernée confia na alfabetização visual de seu público, pois reconhece que, em muitos sentidos, a animação opera como uma "cópia física" de uma experiência emocional específica e como uma habilidade técnica intuitiva, e que ao produzir uma memória ele tem uma conexão direta com o reconhecimento e a empatia de um público.

As imagens à esquerda fazem parte do atual projeto de adaptação de Fernée, *Melmoth the Wanderer*, que também foi anteriormente desenvolvido por ele no formato de *graphic novel*.

▲▼

título
Sir Gawain and the Green Knight

animador
Tim Fernée

Desenho em linha preliminar, usando esferográfica e caneta de feltro, e fotograma finalizado de produção com pintura digital, que evoca imagens de vitrais para ambientar claramente o filme no período medieval.

Desenho e adaptação

título
Melmoth the Wanderer

animador
Tim Fernée

Storyboard em desenvolvimento paralelo como *graphic novel* (lápis leve).

Página de *storyboard* esboçada rapidamente em esferográfica e digitalizada usando Photoshop para gerar a cópia física e o animatic.

> Fernée confia na alfabetização visual de seu público, pois reconhece que, em muitos sentidos, a animação opera como uma "cópia física" de uma experiência emocional específica e como uma habilidade técnica intuitiva, e que, ao produzir uma memória, ele tem uma conexão direta com o reconhecimento e a empatia de um público.
>
> Paul Wells

Adaptação literária e narrativa gráfica

Usando convenções gráficas

As convenções gráficas são ferramentas por meio das quais é possível atingir tipos específicos de visualização e reconhecimento. Essas convenções surgem ao longo do tempo e tornam-se regras que determinam tanto a forma como algo pode ser obtido, quanto a forma como algo pode ser, em última instância, desafiado e desenvolvido. O surgimento da Internet reduziu o abismo entre o desenho e sua animação, o que levou não apenas a obras progressistas, mas também à retomada, revisão e representação das formas reconhecíveis. As histórias em quadrinhos sempre compartilharam uma história paralela com a animação e, em um primeiro momento, muitas das convenções citadas acima que caracterizam narrativas gráficas como as histórias em quadrinhos têm origem nos desenhos animados. Os balões de pensamento, por exemplo, surgiram nos desenhos do *Gato Félix*, mas embora essa fosse uma convenção surrupiada das tiras em quadrinhos, a manipulação gráfica e a metamorfose também presentes nos filmes eram uma contribuição típica da animação. As histórias em quadrinhos, as narrativas gráficas e a animação sempre tiveram um vínculo e, por conta disso, sempre fizeram um uso divertido de seus códigos e convenções estabelecidos.

Isso se mantém ainda hoje, como nas obras do Let Me Feel Your Finger First, que buscam priorizar suas interfaces. O coletivo Let Me Feel Your Finger First (LMFYFF) foi formado em cursos de arte de Londres nos anos 1990. O LMFYFF explica: "As primeiras histórias em quadrinhos do LMFYFF trazem desenhos ruins e bastante 'blocados', uma vez que o estilo estava apenas começando a surgir. A primeira animação do LMFYFF, *Homo Zombies* (2003), surgiu da ideia de animar uma história retirada dos quadrinhos, e a abordagem era tentar dar vida aos desenhos de forma muito simples. Assim, retrabalhamos o design e simplificamos bastante as personagens dos quadrinhos, mas tomando o cuidado de não descaracterizá-las totalmente.

▶

título
Francis

animador
Let Me Feel Your Finger First

Francis é inicialmente caracterizado por um senso de inércia, animado apenas pela presença oculta do animador, pela locução do psicólogo, ou pela atenção dos expectadores implícitos.

Foi nessa etapa que o estilo LMFYFF começou a tomar forma (ou seja, a largura do contorno ganhou um padrão e todas as personagens desenvolveram sardas nas bochechas!). A animação, no entanto, era deliberadamente pesada e minimalista; nós animávamos traços do rosto ou partes específicas das personagens em vez de redesenhar cada quadro ao estilo da animação tradicional. Na verdade, quando fizemos *Homo Zombies*, não tínhamos ideia de como animar na forma tradicional da Disney, e animamos os desenhos de uma maneira bem atropelada.

Com *Francis*, continuamos trabalhando dessa forma indisciplinada, mas tínhamos decidido empregar um animador de personagens profissional (Elroy Simmons) para animar as seções em que Francis parece estar se transformando em uma personagem de desenho animado 'real'. Então, aprendi mais sobre as técnicas de animação tradicionais, sobre ficha de animação etc., trabalhando com um profissional. Mas o desenho de animação do LMFYFF continua sendo um processo exploratório."

▶

título
Francis

animador
Let Me Feel Your Finger First

As expressões vocais de Francis são visualizadas no estilo das histórias em quadrinho tradicionais, mas são pontos de expressão desafiadores, que não estão sendo dirigidos a uma pessoa ou público específico.

Adaptação literária e narrativa gráfica

Ao especializar-se na execução para a Web e priorizar a criação de quadrinhos e animações para a Internet, o LMFYFF se mantém experimental tanto no uso do desenho quanto nas formas em que a visão é finalmente compreendida: "É uma mistura de diferentes técnicas – muita coisa é intuitiva, mas às vezes desenho a partir da observação; em muitos casos, usamos material de referência visual (fotografias, vídeo de movimentos etc.) e consultamos os desenhos iniciais. Para *Francis*, tínhamos um modelo de nove anos de idade que executou muitos dos movimentos como referência. E adoramos repetição! Mas grande parte do processo é solucionar a animação através do desenho, experimentando algo, decidindo que aquilo não funciona, descartando a ideia e começando tudo de novo.

Em termos de uma visão geral do processo usado em *Francis*, geralmente tínhamos esboços preliminares a lápis para o primeiro e último frames de uma sequência, seguidos pelos intermediários, e depois versões em nanquim, que eram então digitalizadas, colorizadas no Photoshop e animadas no After Effects."

Até o momento, o LMFYFF só trabalha em 2D, mas reconhece claramente que o desenho de animação traz consigo uma carga metafísica e sugere a condensação e destilação de um conjunto de ideias complexas, mesmo em suas formas aparentemente mais inocentes. Comissionado pela Animate, seu filme *Francis* explora essa ideia. O LMFYFF explica: "Estamos interessados na ideia da animação e em como esse processo parece, de muitas formas, análogo à nossa própria experiência existencial. Por isso, estou interessado no que significa ser 'animado' e no que pode constituir um 'comportamento animado'. A 'criança defeituosa' nos sugeriu uma personagem que não está funcionando adequadamente de alguma forma ou que está em algum ponto entre o animado e o inanimado. Isso, por si só, já é interessante para mim – algo que não está funcionando adequadamente –, por isso as convenções e os códigos utilizados fazem referência a ideias sobre a forma como a animação funciona e sobre como as personagens deveriam se comportar. E suponho que também assinalam o quanto algumas dessas convenções são estranhas".

KEYFRAME!

O LMFYFF utiliza deliberadamente as convenções estabelecidas nos quadrinhos e na animação para sugerir que esses mecanismos, em si, funcionam como agentes controladores para modelos específicos de existência e expressão. O LMFYFF observa: "A presença da mão do animador no quadro é obviamente a primeira animação usada em *Francis*. Trata-se de uma convenção que remonta aos primórdios da animação com *Humorous Phases of Funny Faces* (1906), de J. Stuart Blackton, e que aparece regularmente nas obras da Fleischer Brothers e nos Looney Tunes. Estamos interessados no criador todo-poderoso que é capaz de melhorar, transformar ou apagar sua criação".

O LMFYFF prossegue:
"A sequência em que Francis tem um ataque de tiques de desenho animado faz referência aos maneirismos excêntricos frequentemente encontrados naquelas personagens (o constante mascar de Pernalonga, a risada do Pica-Pau, o gaguejar do Gaguinho, a risada seca de Mutley etc.) e pode sugerir que ele está experimentando uma ruptura e se tornando uma personagem mais animada. Em um determinado momento ele grita '*key frame*!', talvez indicando que está, de alguma forma, tentando assumir o controle de seu mundo animado."

◀

título
Francis

animador
Let Me Feel Your Finger First

O LMFYFF brinca com as convenções das histórias em quadrinhos e da animação para assinalar a diferença que elas representam, mostrando estados interiores e coerção externa.

Adaptação literária e narrativa gráfica

O LMFYFF explica:

"O psicólogo fala sobre Francis usando um tipo de linguagem híbrida que inclui termos técnicos que se referem a defeitos de animação ('ele não tem precisão de quadro', 'pode sofrer tremulações', 'sobreposição' etc.). O turbilhão dentro do qual Francis desaparece no fim do filme é outra convenção dos desenhos animados, associada mais obviamente ao Demônio da Tasmânia (Taz). E há também uma referência a Pinóquio, o menino simples que tenta escapar, mas é levado para o mau caminho."

Francis é um filme desafiador por conta da imagem justaposta de um menino disfuncional com a retórica pseudo-psicanalítica que busca definir, gerenciar e controlar a personagem. "*Francis* é uma obra híbrida, e isso é refletido pela locução; o narrador é na verdade um ex-psicólogo infantil, por isso a locução inclui algumas de suas observações. E há também a terminologia de animação. A maior parte do filme, no entanto, contém a linguagem de um psicólogo dos anos 1960 formulando opiniões sobre a criança 'retardada', uma linguagem que pode ser muito forte, mas às vezes também muito sugestiva. Além disso, essa linguagem muitas vezes revela mais sobre o contexto do falante do que sobre a criança.

> Acho que Francis é um filme sobre animação e sobre como animar, ou talvez inanimar, o comportamento. Ele é divertido e promove uma celebração da animação, mas também dá uma alfinetada nas motivações por trás dos paspalhos adocicados da Disney.
>
> Let Me Feel Your Finger First

"Pesquisei muito, para outro projeto, sobre a invenção da 'debilidade mental' na Inglaterra Vitoriana, e você se depara com algumas diferenciações inacreditáveis e absurdas (idiota moral, idio-imbecil, tipos de grau mais elevado e mais baixo etc.) que parecem ter sido formuladas por cientistas, filantropos e outros para justificar o controle e o encarceramento de crianças e jovens que pareciam 'não ser normais'. Em certos momentos durante a animação, não fica claro se o psicólogo está interpretando o comportamento de Francis ou instigando esse comportamento através de suas descrições, e Francis certamente desenvolve uma certa resistência ao psicólogo ao longo da avaliação."

O LMFYFF adota o desenho não apenas como ferramenta de expressão, mas como um conjunto de códigos que corrige certas coisas e requer ser desafiado. *Francis* parece tratar essencialmente disso: "Acho que *Francis* é um filme sobre animação e sobre como animar ou talvez 'inanimar' o comportamento. Ele é divertido e promove uma celebração da animação, mas também dá uma alfinetada nas motivações por trás dos paspalhos adocicados da Disney."

▶

título
Francis

animador
Let Me Feel Your Finger First

Francis torna-se resistente tanto em relação ao controle do animador quanto em relação ao aconselhamento controlador do psicólogo.

Adaptação literária e narrativa gráfica

Adaptando fontes de histórias em quadrinhos

As narrativas gráficas extremamente populares de *Hellboy*, de Mike Mignola, tiveram um sucesso ainda maior nas adaptações para o cinema *live-action* dirigidas por Guillermo del Toro (estrelando Ron Perlman como a figura do demônio mutante) e, mais tarde, em sua adaptação para a forma animada, por Tad Stones, do Revolution Studios. A abordagem diferenciada adotada por Sean "Cheeks" Galloway para adaptar o design gráfico e as técnicas narrativas icônicos nos filmes animados *Hellboy: Espada das Tempestades* (*Sword of Storms*, 2006) e *Hellboy: Blood & Iron* (*Blood and Iron*, 2007) foi algo intrínseco a esse sucesso.

Na versão animada, o posicionamento das personagens no alto do quadro para que o expectador pareça estar olhando para elas de baixo para cima (uma assinatura de Mignola) e o emprego de mudanças rápidas de perspectiva foram perfeitamente representados na animação, enquanto o uso de cor para acentuar o clima e a atmosfera (outra assinatura) também foram prontamente adotados para os efeitos mais exagerados. Em sua maior parte, a versão animada resiste ao enquadramento descentralizado de Mignola, favorecendo um senso de movimento quase contínuo e, sobretudo, o trabalho de design da personagem para facilitar as exigências da animação.

Em *Hellboy*, Galloway não só precisava trabalhar com uma personagem icônica como também resolver problemas específicos que esta apresentava, como a falta de simetria, com sua "mão direita da perdição", e garantir que os planos de fundo, layouts, outras personagens e efeitos complementassem a cor vermelha de seu corpo. A principal conquista de Galloway foi suavizar o design original de Mignola, arredondando a personagem e reinventando seu corpo como uma forma, em um primeiro momento; funcionando em silhueta e conferindo certa força e energia à sua construção. Esse design permitiu que Hellboy fosse configurado na modelagem padrão de cinco posições necessária para esse tipo de animação, que se baseia em uma rotação de 360 graus (turn around).

Depois de redesenhar Hellboy, Galloway renderizou uma figura escultural em 3D, pronta para existir dentro de ambientes totalmente gráficos e facilitar a ação de que a personagem precisava durante situações ou narrativas mais fantásticas e extremas. O empilhamento vertical de imagens gráficas de Mignola foi substituído por uma profundidade de campo em 3D e pelo movimento contínuo. Essa adaptação altamente convincente permitiu que Hellboy ganhasse uma nova vida em ambientes multiplataforma, onde cada uma pode contribuir para a iconografia e para o desenvolvimento narrativo, ao invés de meramente copiarem umas às outras.

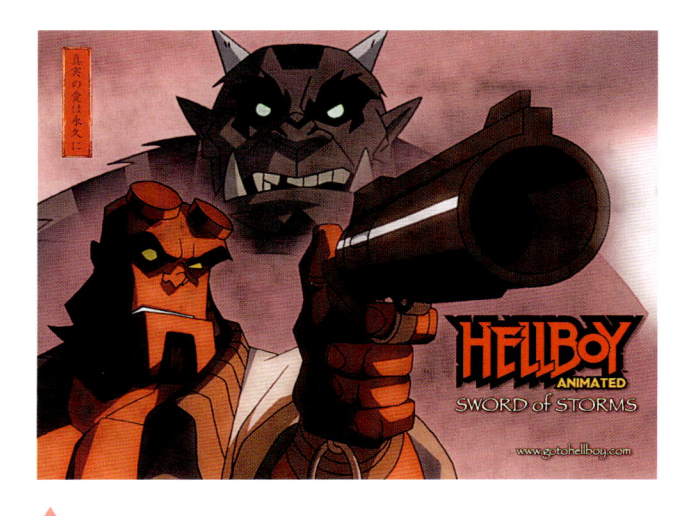

título
**Hellboy Animated:
Espada das Tempestades**

diretor
Phil Weinstein

Hellboy se encontra em uma aventura ao estilo samurai em seu primeiro filme de animação. A direção de arte é baseada em vários estilos de design japoneses, ecoando a popularidade do mangá e do anime entre as audiências ocidentais e o sucesso da série de TV *Samurai Jack*, de Genndy Tartakovsky.

Modelagem em cinco posições

Para que uma figura seja animada de modo convincente, com acesso a todos os recursos da encenação cinemática, todos os ângulos de personagem devem ser levados em consideração e desenhados. A maioria dos *model sheets* enfatiza essas cinco posições, e frequentemente acrescenta muitas outras perspectivas e pontos de detalhe.

1. Perspectiva frontal plena.

2. Perspectiva frontal 3/4.

3. Perfil.

4. Perspectiva de costas 3/4.

5. Laterais.

Ver exemplo na página 96.

Adaptando estéticas

Nina Paley é uma talentosa artista e animadora. Seu filme *Sita Sings the Blues* (2008) é inspirado por estilos gráficos complexos para criar um tipo diferente de estética cinematográfica, rejeitando o modelo hollywoodiano. O filme também reflete o espírito independente e original que caracterizou o desenvolvimento de Nina durante sua formação como artista. Ela reflete: "Todas as crianças desenham, mas eu nunca perdi o interesse pelo assunto. A arte é uma alegria. Eu me considero autodidata. Minha escola não oferecia aulas de arte no segundo grau, o que foi bom – se eles tivessem me enfiado arte goela abaixo, eu acabaria odiando isso tanto quanto as outras matérias. Para mim, o desenho sempre foi algo livre de obrigações e trabalho forçado. Depois que saí da escola, pude realmente aprender. Durante muitos anos, ressenti-me da forma como a escola consumia o tempo e a energia que eu poderia estar usando para aprender, se estivesse sozinha."

Nina ainda se surpreende com o fato de as mesmas questões sobre a forma animada continuarem sendo levantadas, como a noção de que se trata de algo predominantemente direcionado ao público infantil ou de que a animação não é realmente uma "arte". Porém, ela contra-ataca: "É apenas desenho. Você pode animar qualquer coisa, qualquer estilo. Será que os últimos 40 anos de animação independente não tiveram efeito algum sobre essa gente?"

▼

título
Sita Sings the Blues

animadora
Nina Paley

O trabalho de Nina Paley emprega estilos de design específicos para o projeto, e aqui utiliza composições mais formais em plano 2D de pinturas miniaturizadas da Índia para ilustrar sua representação de *Ramayana*.

Sita Sings the Blues

Esse senso de independência serve de base para a abordagem própria de Nina: "Às vezes as coisas simplesmente surgem na minha cabeça e eu faço um registro rápido em um caderninho, na forma de esboços rudimentares, para serem refinados depois. Se estou trabalhando em um filme, os desenhos estão a serviço de uma história ou mensagem. A mensagem é que orienta a arte – eu quase nunca penso sobre o assunto, apenas deixo que a história me diga o que é necessário. Quando eu quis evocar uma forma mais pomposa e antiquada de recontar o *Ramayana*, tentei imitar as pinturas miniaturizadas indianas.

"Comprei aquarelas naturais com pigmentos antigos e papel-pergaminho cru. Não sou muito boa como pintora, mas os materiais e a técnica foram o suficiente para realizar minhas intenções."

Ela prossegue: "Para os segmentos semiautobiográficos, optei por um estilo rabiscado, que me lembrava os diários visuais que eu mantinha na época. Esses eu fiz à mão livre, usando Flash e minha adorada Cintiq. Eu desenhei diretamente, sem limpar nada. Isso produziu um bom efeito de angústia".

▶

título
Sita Sings the Blues

animadora
Nina Paley

Nina Paley conta a própria história em um estilo de desenho mais pessoal, que é ao mesmo tempo cartunesco e autoral.

Adaptando estéticas

Sita Sings the Blues, como o título sugere, contém canções, mas, mais uma vez, há uma resistência à sensibilidade de "superprodução" de muitos dos filmes de animação românticos produzidos, por exemplo, pela Disney nos anos 1990. Nina priorizou uma resposta estética às canções, acima de sua encenação. "Os números musicais empregam um estilo suave e colorido que desenvolvi em 2002, quando estava morando em Trivandrum. O aspecto visual certamente foi influenciado pela arte indiana que eu via ao meu redor, assim como pelos modernos desenhos animados ocidentais e japoneses que eram populares entre os jovens animadores que conheci lá. Esbocei os primeiros designs de personagem em papel, e depois reproduzi os desenhos como bonecos 2D usando Flash, com pinceladas suaves e cores chapadas. Também fiz algumas cenas com colagem e bonecos de sombras vetorizados. Fiz alguns desenhos preliminares a lápis para essas cenas, mas elas envolviam principalmente máscaras de fotografias e imagens encontradas."

Sobre *Sita Sings the Blues*, Nina afirma: "Não desenhei tanto assim. Eu fazia esboços durante o processo inicial do design de personagem, e depois refinava as coisas usando Flash. Também não trabalhei muito com *storyboards*, apenas com anotações rabiscadas caso eu tivesse problemas para solucionar alguma cena. Às vezes, o mero ato de desenhar faz com que a mente entre em atividade para resolver problemas. Não tive um *storyboard* típico para *Sita Sings the Blues*, embora tivesse um para a canção 'Am I Blue'".

título
Sita Sings the Blues

animadora
Nina Paley

As imagens compostas de Nina Paley sugerem uma abordagem de colagem artesanal, apesar de empregarem os aplicativos de software da animação contemporânea.

▲

título
Sita Sings the Blues

animadora
Nina Paley

Os *storyboards* de Paley muitas vezes são esboços básicos e improvisações desenhadas que permitem resolver as dificuldades narrativas ou composicionais que ela encontra em sua própria prática.

Adaptando estéticas

> Desenhar ajuda a pensar. É uma forma de resolver ideias, assim como escrever um esquema ou fazer anotações. A aparência desses esboços não importa, assim como sua caligrafia não importa na hora de fazer anotações escritas.
>
> Nina Paley

Embora essa discussão tenha enfatizado a importância do processo de criação do *storyboard*, é inevitável que artistas individuais trabalhem dentro de seu próprio estilo, usando o desenho da forma mais conveniente em suas práticas. Nina comenta: "A maioria das cenas não tinha *storyboard* algum. Já que eu estava trabalhando sozinha, o *storyboard* não precisava comunicar o filme para mais ninguém. Para mim, os *storyboards* foram apenas uma forma de solucionar ideias, e não de apresentá-las. No entanto, fiz esboços de personagem para as mulheres sábias que chamo de Rishettes. Não tenho muita arte de pré-produção de *Sita* para mostrar, mas fiz muitos esboços em pedaços de papel e caderninhos".

título
Sita Sings the Blues

animadora
Nina Paley

O esboço da concepção original de uma Rishette e a imagem finalizada no filme. O esboço funciona como uma notação minimalista na direção do design final, mas é útil em termos de formato e construção da personagem final.

2D or not 2D

Desenhando personagens e *concepts*

Este capítulo apresenta estudos de caso do trabalho de diversos artistas que lidaram com o desenho de forma diferenciada e criaram obras que exemplificam muitas das características da abordagem discutida neste livro. Todos se estabeleceram como profissionais exemplares para maneiras específicas de usar o desenho, e suas obras evidenciam o ato de pensar por meio do desenho para fins conceituais e estéticos. É crucial para todos esses artistas a forma como seu desenho lhes permite comunicar uma visão altamente pessoal, muitas vezes com base em um posicionamento ideológico ou artístico, levando a política para a arte e a arte para a política. Também lhes é crucial desafiar qualquer ortodoxia acerca do que é o desenho de animação e de suas possíveis utilidades. Nesse sentido, os artistas muitas vezes recorrem a formas marginais que enfrentam as normas sociais, culturais ou estéticas, e chamam a atenção para a forma como os desenhos animados capturam tipos específicos de memória ou de experiências sentidas. Seus desenhos são usados para criar declarações formais, porém altamente empáticas, e, embora sejam cientes de todas as convenções da arte de desenhar com qualidade para animação, subvertem, reformulam e personalizam visões e ideias.

título
2D or Not 2D

animador
Paul Driessen

Frédéric Back

Frédéric Back é reconhecido como um dos mestres da animação, dono de um estilo único e de uma abordagem que baliza seu status como um dos verdadeiros **auteurs** da forma. Seus filmes são caracterizados por uma *mise-en-scène* altamente detalhada, na qual a qualidade extraordinária do desenho cria uma estética única, reminiscente da pintura impressionista.

Back explica: "Foi fazendo *All Nothing* (1978) que descobri a 'minha' técnica, quando tentei desenhar com lápis de cor sobre acetato fosco, um material que é mais utilizado por arquitetos e engenheiros. Isso permitiu que eu reduzisse o tamanho dos desenhos e usasse lápis de cor, que não teria aderido à superfície lisa do acetato transparente. A transparência parcial do acetato fosco dá certa textura à imagem e permite uma grande liberdade de expressão. Lápis de cor à base de cera (eu usei Prismacolor) estavam disponíveis em uma grande variedade de cores. Gradualmente, aperfeiçoei a técnica e ela foi aplicada aos meus filmes seguintes."

Back reconheceu que seu desenho incorporava um senso "material" específico que sugeria certo grau de tatilidade física tanto quanto a execução do traço em si. Usando acetato fosco, Back podia combinar desenhos, acrescentar pastel para obter sombras mais densas na imagem e aplicar tinta no avesso do acetato para obter um efeito maior. Esse método muitas vezes exigia que ele usasse uma lente de aumento, e houve ainda mais complicações: "O problema foi que os fabricantes daquele acetato começaram a fazer o lado fosco mais liso. Ou seja, os pigmentos não aderiam tão bem quanto sobre o acetato mais antigo e áspero. Tive grande dificuldade para fazer *The Mighty River* (1993) com esse acetato novo e menos interessante, sobre o qual as cores pareciam menos vivas e o traço perdia um pouco de seu vigor."

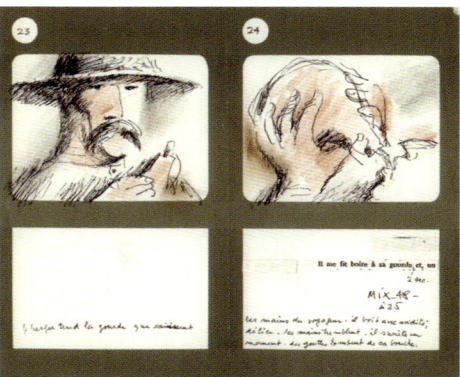

Auteur, a teoria do *auteur* foi defendida durante os anos 1950 e pregava a visão do diretor como único autor de um filme e como figura com preocupações temáticas e estéticas coerente em um conjunto de obras. Essa ideia pode ser aplicada aos cineastas de animação que, muitas vezes, criam sozinhos toda a obra.

título
O Homem que Plantava Árvores

animador
Frédéric Back

Os *storyboards* mais desenvolvidos de Back, com imagens semelhantes às que realmente foram desenhadas para o filme.

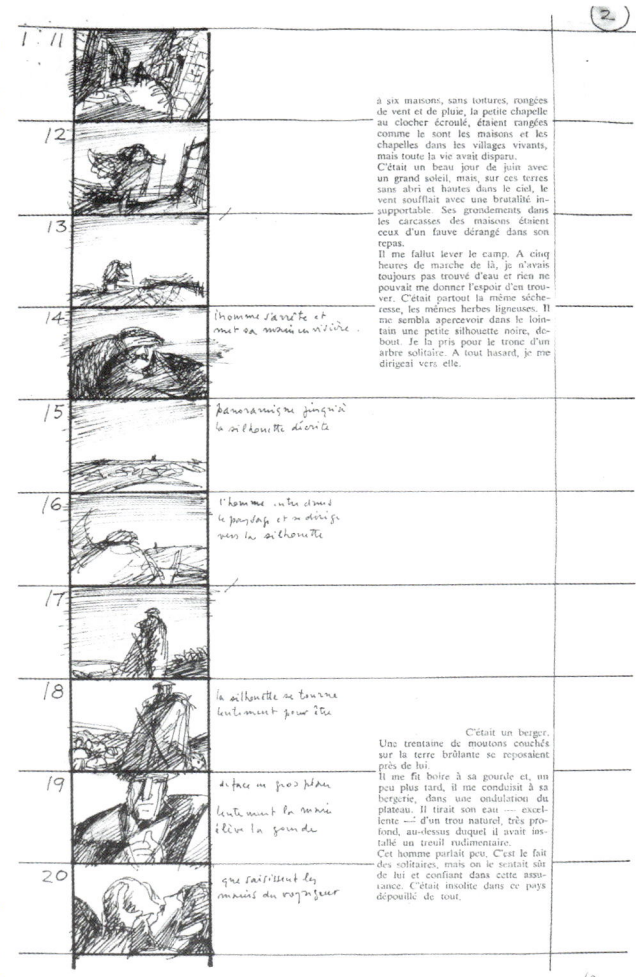

◀

título
O Homem que Plantava Árvores

animador
Frédéric Back

Planejamento original de Back para *O Homem que Plantava Árvores*.

Frédéric Back

Back é especialmente reconhecido pela magnitude de seu esforço pessoal e pelo investimento que faz em seus filmes. Trabalhando fora do modelo de produção clássico da Disney, executou sozinho os detalhes das sequências animadas em 2D, ao invés de usar uma equipe, para intervalar os intermediários. Essa abordagem garantiu que sua estética única – inspirada em fontes de Belas Artes – caracterizasse os filmes. Embora seus projetos de maior escala tenham, em última instância, usado assistentes, o trabalho destes ainda era supervisionado e eventualmente redesenhado pelo próprio Back, para garantir a homogeneidade do estilo. Sobre suas influências, Back diz: "As alusões que tento evocar em meus filmes são minha forma de estender a mão aos expectadores para que eles se sintam em casa e sejam mais receptivos às ideias contidas nas imagens. Por isso, você vai ver referências às pinturas rupestres de Altamira e Lascaux em *All Nothing* ou aos impressionistas em *O Homem que Plantava Árvores* (*The Man Who Planted Trees*, 1987)."

Embora todos os filmes de Back mantenham um excelente nível de qualidade, pode-se dizer que sua obra--prima é *O Homem que Plantava Árvores*, a história extraordinária (adaptada a partir de um conto de Jean Giono) dos esforços de um homem para replantar milhares de quilômetros de planícies áridas com árvores. É uma narrativa que ecoa os esforços de Back, e exigiu que ele desenhasse uma quantidade incrível de imagens para criar uma mensagem ecológica emotiva e passional para jovens expectadores na era do aquecimento global. *O Homem que Plantava Árvores* representa também as formas em que o estilo de desenho cumulativo de Back reflete o senso de evolução e desenvolvimento dentro da própria narrativa. O conto de Giono é integralmente respeitado por Back, cuja animação emprega um estilo solene e realista, reconhecendo a importância e o impacto da animação enquanto forma.

> O interesse visual de um desenho a lápis é tanto uma questão de textura quanto de método. Cobrir grandes superfícies com lápis de cor não criou efeitos de animação interessantes. Decidi então trabalhar na menor escala possível, idealmente dentro de um quadro de 10x15 cm. Durante a projeção, a ampliação dos desenhos a lápis deu personalidade ao traço e às cores.
>
> Frédéric Back

▲
título
O Homem que Plantava Árvores

animador
Frédéric Back

A realização extraordinária de Back em termos de desenho é refletida pela realização também extraordinária do homem que planta árvores na narrativa. Para Back, a animação não é apenas uma forma de arte, mas também uma vocação espiritual dedicada a expressar ideias e sentimentos importantes acerca da condição humana e do meio-ambiente.

Frédéric Back > Paul Driessen

Paul Driessen

O mestre holandês da animação Paul Driessen sempre tratou seus filmes de modo a abordar não apenas a narrativa, mas também o desafio formal que ele assume para construir a obra. Em última instância, trata-se de desafios de desenho, que servem tanto para delinear a personalidade única de seus filmes quanto para comunicar noções que podem ser educativas para quem é aspirante a animador/desenhista. Refletir sobre a obra de Driessen permite que o expectador reconheça o quanto as restrições ao desenho, ou o ato de testar hipóteses por meio dele, estimula o desenvolvimento narrativo e conceitual de qualquer peça.

▶

título
Air!

animador
Paul Driessen

Air! é um dos primeiros exemplos em que Driessen usa "a linha" para testar as propriedades formais da tela. Uma linha divide o quadro e torna-se uma paisagem, a superfície do mar, uma linha de telégrafo e um caminho, sempre servindo de base para o reconhecimento de que o ar não é suficiente para plantas, peixes, pássaros e a humanidade, já que esta última segue sistematicamente poluindo seu planeta.

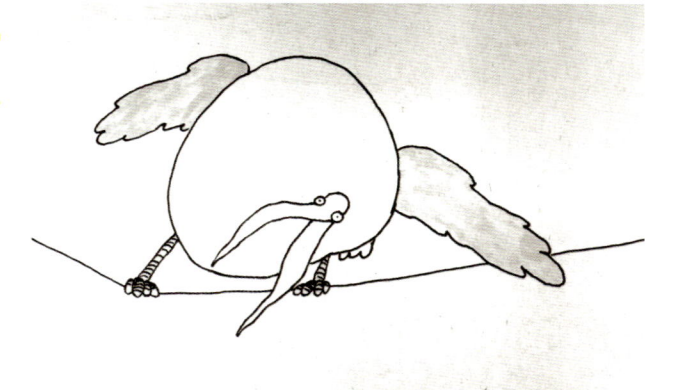

título
Cat's Cradle

animador
Paul Driessen

Em *Air!*, Driessen usa a linha desenhada para assinalar contextos e conceitos. Em *Cat's Cradle*, ele usa a linha para induzir a associações, usando a semelhança entre a cama de gato (brincadeira em que pedaços de barbante são puxados entre os dedos para criar formas) e uma teia de aranha e levando a uma narrativa intrigante e surreal na qual uma família "sagrada" é perseguida por guerreiros e um peixe devora tudo o que encontra pela frente!

Paul Driessen

título
On Land, At Sea and In the Air; O Fim do Mundo em Quatro Estações

animador
Paul Driessen

Em seus filmes *Sunny Side Up* (1985) e *Tip Top* (1984), Driessen animou metade da tela e simplesmente inverteu a animação para a metade inferior, brincando com as convenções de simetria. Essa ideia foi modificada mais uma vez em *The Waterpeople* (1991). Esse desafio deliberado às convenções de desenho e ao uso do quadro sugere um modelo diferente de narrativa animada.

Driessen leva essa "divisão da tela" ainda mais longe com três telas paralelas em *On Land, At Sea and In the Air* (1980) e com oito quadros separados em *O Fim do Mundo em Quatro Estações* (*The End of the World in Four Seasons*, 1995). Driessen usa múltiplos quadros para jogar com narrativas paralelas, contrastando ações retratadas de longe, em *close-up* e a partir de diferentes ângulos etc., mas na maioria das vezes para chamar a atenção para o ilusionismo do desenho na criação da narrativa, e como um estilo gráfico puro, justificado em si mesmo.

título
The Boy Who Saw the Iceberg

animador
Paul Driessen

The Boy Who Saw the Iceberg (2000) exibe, novamente, a técnica de dividir a tela, empregando cores e preto e branco para diferenciar entre o mundo real e a existência paralela da fantasia de uma criança. Essa existência paralela é caracterizada pelas aventuras do menino, cheias de espetáculo e mistério, contrárias às rotinas estáticas da vida doméstica.

título
2D or Not 2D

animador
Paul Driessen

Na era contemporânea, a animação em 3D domina o meio e é muitas vezes usada para sugerir a "morte do 2D". Driessen resiste a essa ideia, lidando com a apresentação simultânea de planos em 2D com a ilusão de volumes em 3D no mesmo espaço desenhado.

Richard Reeves

Richard Reeves é um cineasta experimental da Quickdraw Animation Society (QAS), em Calgary, no Canadá. Ele trabalha na tradição de Norman McLaren, desenhando diretamente sobre a película. Esse processo de desenho funciona como um modelo específico, configurado para explorar a criação de padrões e a experimentação formal com traços, cores e formas. Reeves afirma: "Entre 1978-79 eu frequentei o Sault College of Applied Arts & Technology. Fui inspirado pela arte do Group of Seven, e a escola é localizada na região onde muitos de seus esboços foram feitos. No entanto, por algum motivo, fiquei entediado com a escola e decidi viajar. O desenho se tornou uma espécie de diário para as viagens, e eu conseguia fazer pinturas para exposições solo ou coletivas durante o inverno... Entre as viagens e o trabalho, eu achava tempo para explorar a fotografia com slides em combinação com a música, o que acabou me levando aos filmes de animação."

Não demorou para que Reeves percebesse que não queria ser um animador tradicional e que sua obra e atitude tinham mais a ganhar dentro da tradição do cinema experimental: "Eu reconhecia a animação como forma de arte, a mistura perfeita entre desenho e música. Em 1989, descobri a QAS em Calgary. Aqui, fui apresentado a uma variedade de técnicas e recursos de animação... Embora, durante a infância, tivesse assistido a alguns desenhos animados que passavam sábado de manhã, foi apenas depois de ver os trabalhos de Norman McLaren e outros filmes de arte da NFB que percebi que a animação podia ser pessoal e as imagens podiam ser tão únicas quanto o estilo de um artista. Os conceitos de pintura em movimento, de música visual e de dar vida aos desenhos se tornaram uma feliz obsessão para mim."

Reeves em ação

Reeves trabalhando diretamente sobre a película, expandindo os parâmetros do desenho de animação.

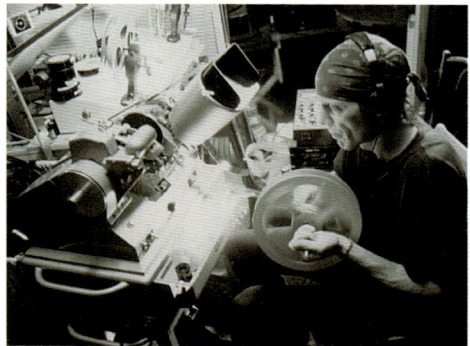

Reeves acreditava firmemente que precisava haver uma tradição alternativa aos desenhos animados convencionais: "Enquanto as corporações estão criando grandes produções em seus estúdios, para fazer séries de televisão e longas-metragens, essas animações amplamente promovidas e comercializadas parecem dominar a cultura do público. Essas produções geralmente apresentam personagens antropomórficas que agem e reagem como seres humanos. Parece também haver uma tendência para personagens animadas com uma aparência altamente realística, através de tecnologia digital sofisticada e orçamentos altíssimos. Para mim, é interessante que a animação possa ser levada para essa direção."

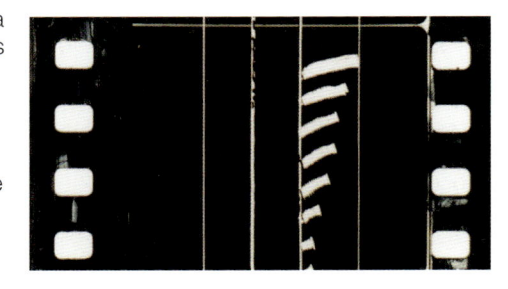

▶

Composições abstratas

animador
Richard Reeves

Uma série de composições abstratas de Richard Reeves sobre fotogramas individuais nos quais ele explora as interfaces entre as linhas, cores e padrões.

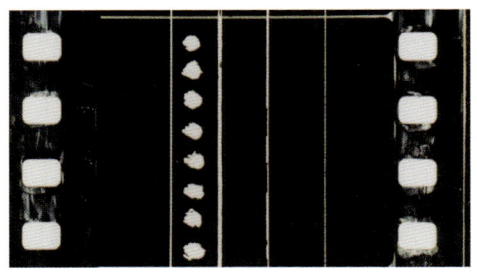

Richard Reeves

Ele prossegue: "No entanto, a animação é um mundo pequeno com uma ampla interpretação, na qual tanto conceito quanto técnica são capazes de criar experiências únicas... Os filmes de animação podem iluminar o subconsciente e transcender os pensamentos cotidianos. Esse é o tipo de animação que mais me empolga, mas, infelizmente, não é tão acessível quanto os desenhos animados da cultura de massa. Há alguns anos já, minhas animações pessoais vêm sendo criadas desenhando diretamente sobre a película... parece haver uma quantidade infinita de aplicações técnicas para criar imagens e sons sobre a superfície da película. Toda a noção de fazer um filme sem câmera se completa por uma trilha sonora de acompanhamento também desenhada diretamente sobre a película."

Reeves tem uma preocupação especial com a trilha sonora porque ela compartilha as mesmas condições de trabalhar com imagens visuais sobre a superfície do quadro: "Normalmente, eu crio a trilha desenhada à mão primeiro, e em seguida desenho as imagens para os sons. Isso ajuda a encontrar uma correspondência entre o tempo visual e os ritmos musicais. Os sons costumam ser produzidos por algum tipo de processo intuitivo que se adequa ao conceito ou tema, e isso depende de eu confiar em meus instintos básicos sobre o que acho interessante."

▼
Experimentos de cor

animador
Richard Reeves

O ponto forte de Reeves é a experimentação com cores, combinando diferentes tonalidades cromáticas com um contraste intenso.

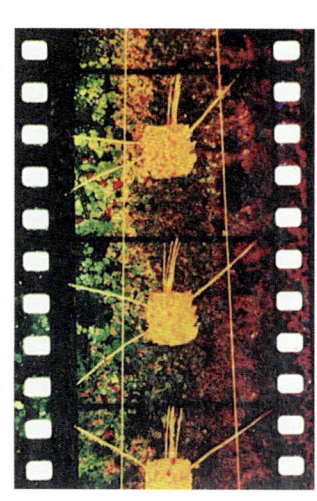

O filme *Sea Song* (1999), de Reeves, é reconhecido por seu comprometimento político, algo que ainda não é imediatamente associado ao cinema abstrato, embora muitas vezes seja um aspecto motivador para o trabalho experimental, desde o início. Ele afirma: "1998 foi o ano internacional do oceano, e essa foi a inspiração para *Sea Song*. Eu também queria expressar algumas preocupações ambientais (poluição, pesca predatória, submarinos nucleares etc.). Durante essa época, eu havia me mudado para uma pequena ilha na costa de British Columbia, próximo a Vancouver. Em minhas caminhadas pela praia – especialmente à noite, usando uma lanterna ou a lua cheia para fazer os esboços – eu consegui coletar desenhos suficientes para criar um *storyboard* rudimentar com as ideias reunidas. Gosto de deixar espaço para improviso e fluxo de consciência dentro do processo criativo, e geralmente trabalho em diferentes partes em momentos diferentes, de forma não linear."

Reeves enfatiza: "As animações sem câmera de Norman McLaren e Evelyn Lambart foram uma grande influência, especialmente as que possuem sons animados à mão. McLaren parece ter inventado uma linguagem, desenhando sons que podem ser expandidos. Meus favoritos são o inebriante *Mosaic* (1965), de Norman McLaren e Evelyn Lambart, e o enérgico *Particles in Space* (1979), de Len Lye. Essas animações demonstram o poder das imagens abstratas desenhadas sobre a película por conta de seu efeito sobre a imaginação.

"Outras influências importantes foram as animações de Oskar Fischinger e Mary Ellen Bute. Esses animadores me mostraram como é possível ter a independência criativa de um pintor, expressando-se através de linhas, formas e cores para ilustrar pinturas em movimento."

Storyboard autobiográfico

animador
Richard Reeves

Reeves cria um *storyboard* para sua própria experiência, desde os desenhos feitos na escola até tornar-se animador e, por fim, desenhando diretamente sobre a película para criar animações sem câmera.

Michael Dudok de Wit

A abordagem de Michael Dudok de Wit tem tudo a ver com o que podemos chamar de "traço lírico" para evocar memórias complexas e prazeres contemplativos. O próprio Dudok de Wit observa: "Desde a tenra infância, sempre fui apaixonado por desenho, e um dos estilos gráficos que mais me inspiravam era o traço limpo, como nas tiras em quadrinhos de Hergé e Edgar P. Jacobs. Minha artística mãe também foi uma grande inspiração. Na faculdade de arte, especializei-me inicialmente em gravura e depois em animação e fotografia."

Esse "traço limpo" está muito distante da estética poluída buscada por Cook (ver página 170), mas, ao mesmo tempo, está em busca do mesmo tipo de destilação em sua sugestão e sentido. Esse tipo de pureza não tinha muito em comum com o desenho clássico da Disney, porém "os estilos clássicos da Disney são mais elaborados e envolvem habilidades de desenho mais desenvolvidas e animações mais complexas que as minhas. As personagens de Disney falam muito e possuem traços faciais bem definidos, com olhos grandes e expressivos. Até hoje, sempre criei personagens simples, com olhos em forma de ponto e às vezes sem boca."

Dudok de Wit busca aparar a escala do desenho a lápis para aproveitar ao máximo uma paleta minimalista, usando o traço para propósitos mais associativos e simbólicos.

▶

título
Pai e Filha

animador
Michael Dudok de Wit

Pai e Filha (*Father and Daughter*, 2000) usa formas lineares simples para evocar os mais poderosos e comoventes elementos e seus lugares na memória.

Desenhando personagens e concepts

Sobre sua obra-prima, *Pai e Filha* (*Father and Doughter*), ele relembra: "Comecei escrevendo a história. Em seguida vieram as três etapas visuais do desenvolvimento do filme: os esboços, o design e o *storyboard*. Depois de passar por essas etapas, eu tinha uma história sólida e pude começar a animação e os planos de fundo. Durante a etapa de esboços, eu fazia esboços preliminares para ter uma ideia geral do projeto. Desenhei paisagens de memória e a partir de fotografias. Eles não são necessariamente bons desenhos e eu não tinha obrigação de mostrá-los a ninguém. A segunda etapa – design de personagens e de algumas paisagens – envolveu muita pesquisa. Compilei uma grande quantidade de referências em imagens e vídeos de, por exemplo, ciclistas e pássaros, nuvens, paisagens bidimensionais, árvores, roupas de época, para destilar essas informações em uma seleção simples. Busquei também uma técnica que eu não tivesse usado antes. O carvão era novo para mim, mas logo me adaptei a ele, achando-o uma ferramenta extremamente agradável. Era fácil e intuitivo de usar, resultava em uma ótima textura e, com a ajuda do Photoshop, consegui conferir à arte o contraste e as cores desejados.

"O *storyboard* foi desenhado com lápis macio sobre papel de animação. Desenhei cada imagem separadamente, recortando cada uma e posicionando-as na mesa com um punhado de outros desenhos de *storyboard* para encontrar a sequência certa. Para cada página do *storyboard* final, desenhei novamente as imagens, desta vez na ordem correta sobre uma folha A3, com quatro desenhos por folha. A etapa do *storyboard* durou vários meses, o que é um tempo relativamente longo. Isso aconteceu devido ao grande número de desenhos e também por conta do tempo que levei pensando no fluxo da narrativa. O desafio era condensar uma vida longa, desde a primeira infância até a velhice, em um filme de oito minutos, mas evitando um ritmo vertiginoso. Para conseguir esse resultado, simplifiquei ao máximo a história. Acho que incluir imagens da natureza também ajudou bastante. Não só porque isso suavizava os grandes saltos na história, mas também porque a natureza tem a capacidade de fazer com que lembremos de sua atemporalidade e eternidade."

título
Pai e Filha

animador
Michael Dudok de Wit

Dudok de Wit mostra que, embora a perda individual seja inevitável, a vida em si continua. Mesmo o mais poderoso dos laços é insignificante face à experiência elementar e espiritual mais ampla que dá suporte à condição humana.

Michael Dudok de Wit

A sensibilidade no uso da paisagem holandesa, na obra de Dudok de Wit, sugere também outras tradições de pintura, mas essencialmente está relacionada ao tom, textura e dinâmica do desenho como forma de induzir a memória de um sentimento primitivo. Isso faz com que a visualização da história se torne altamente emotiva: "Eu não tinha um método preciso, mas a seguinte técnica clássica foi útil: pendurava alguns dos desenhos do *storyboard*, e por fim todos eles, na parede, e acompanhava a sequência de desenhos com o olhar na mesma velocidade em que queria que a história se desdobrasse. Eu visualizava o filme na velocidade certa, imaginando os movimentos animados e alguns dos efeitos sonoros cruciais. Isso me deu uma ideia melhor da coreografia, das emoções e do suspense. Eu fazia isso várias vezes enquanto estava criando o *storyboard*, e também durante a fase de animação."

Essa técnica consiste em deixar o tempo servir de base para a natureza da percepção e para a compreensão das imagens, que demandam uma resposta altamente enfática.

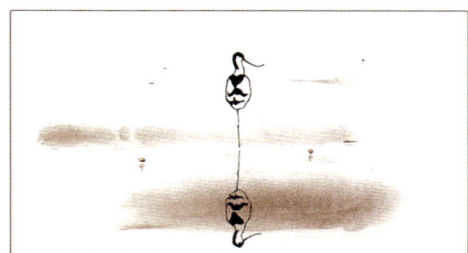

título
Pai e Filha

animador
Michael Dudok de Wit

Dudok de Wit evoca o profundo amor compartilhado por pai e filha à medida que o tempo passa em tons sépia.

De Wit relembra, ainda: "Em *Pai e Filha*, eu não podia usar linguagem verbal para melhorar a narrativa ou acentuar as emoções, porque havia optado por fazer um filme sem diálogos. Mas a linguagem cinematográfica é muito rica; como muitos cineastas, tentei combinar o efeito de diferentes aspectos do cinema – como iluminação, esquema de cores, ambiência das paisagens e relação entre personagem e paisagem em cada cena; ponto de vista da câmera, presença da natureza, timing geral e, em especial, *acting*, o uso de música e som – para expressar emoções. Meu objetivo era usar o sentimento de saudade como emoção principal. Na verdade, foi isso que me levou a fazer o filme. Acho que uma saudade profunda é silenciosamente dolorosa, mas também algo incrivelmente bonito, e então pensei: não seria fantástico fazer um filme sobre a saudade pura?"

A grande realização de Dudok van Wit é a forma como seu envolvimento com a natureza primitiva do desenho a lápis captura e compreende os prazeres e as dores da saudade e da necessidade. O imediatismo do traço lírico contradiz as memórias profundas que ele evoca; está no cerne dos sentimentos de amor e perda que caracterizam nossos laços e relacionamentos mais íntimos.

Luis Cook

Luis Cook é um dos animadores mais talentosos da Aardman Animation. Seu premiadíssimo filme *As Irmãs Pearce* (*The Pearce Sisters*, 2007) reflete um amadurecimento de sua própria sensibilidade gráfica e capacidade narrativa. Sobre sua infância, Cook rememora: "Eu desenhava muito com meu pai quando criança. Ele trazia papel de computador do trabalho para casa. Era um papel fino, com as laterais perfuradas. Ele me dava livros sobre Hieronymus Bosch e Jackson Pollock. Eu morria de medo de *O Jardim das Delícias Terrenas*, de Bosch. Naquela época, eu preferia Albrecht Dürer e reproduzia meticulosamente suas xilogravuras. Gostava muito mais de seus desenhos do que de suas pinturas. Eles pareciam mais leves, relaxados e acessíveis. Meu amor pelo desenho surgiu de minha incapacidade de fazer qualquer outra coisa bem. Eu era mediano em quase tudo. O desenho era a única área em que eu me destacava."

Depois de descobrir seu talento, Cook foi para a faculdade de arte: "Aprendi a desenhar com um minimalista japonês. Ele nos obrigava a desenhar com a mão esquerda e sobre um só pé, durante horas a fio. Ele tornava a tarefa o mais fisicamente desafiadora possível. E nunca falava uma palavra sequer. Nós tínhamos que chegar às nossas próprias conclusões. O princípio era desaprender, explorar o desenho a lápis e aceitar o inesperado. Os resultados finais eram desajeitados, acidentais, vivazes e incomuns. Comecei a gostar muito do desenho 'ruim'."

▶

título
The Pearce Sisters

animador
Luis Cook

O filme de Cook obtém um estilo original ecoando o desenho "ruim" das culturas primitivas e da arte marginal.

> Muitas vezes, escolho algumas palavras-chave para servirem de guia. Feio. Belo. Lento. Negação. Atmosfera. Cor. Desenho e desenho. Não há um caminho mais curto, na verdade. Você só precisa sentar e desenhar.
>
> Luis Cook

A abordagem única de Cook – essencialmente uma resistência contra os estilos estabelecidos da animação clássica, informada por sua experiência e observação – confirma a versatilidade da forma e sugere que o desenho pode ser descoberto, usado e configurado de formas diferentes, mas não menos interessantes ou úteis. Cook tem os talentos insulares do artista marginal, absolutamente concentrado na especificidade da estética que busca atingir. Sua obra está muito distante do estilo clássico de Disney: "Eu nunca tive uma formação clássica. Estudei animação no Royal College of Art, mas não é a mesma coisa. No RCA eles incentivam uma voz individual, e não a voz de um estúdio.

Consequentemente, eu desenho para animação a partir de uma posição de ignorância. Sei muito pouco sobre Disney ou técnicas de estúdio, embora hoje eu o aprecie através do olhar de minha filha. Sou muito mais um designer/diretor e tento ignorar as limitações da animação, pelo menos na primeira etapa de desenho. Parto do roteiro e trabalho em ordem reversa, começando pela imagem mais interessante que conseguir criar. Só então tento entender como aquilo pode ser obtido através da animação. Aí, então, pode ser qualquer coisa – 2D, 3D, *stop-motion*, *live action*, técnica mista –, de preferência algo que eu nunca tenha experimentado antes".

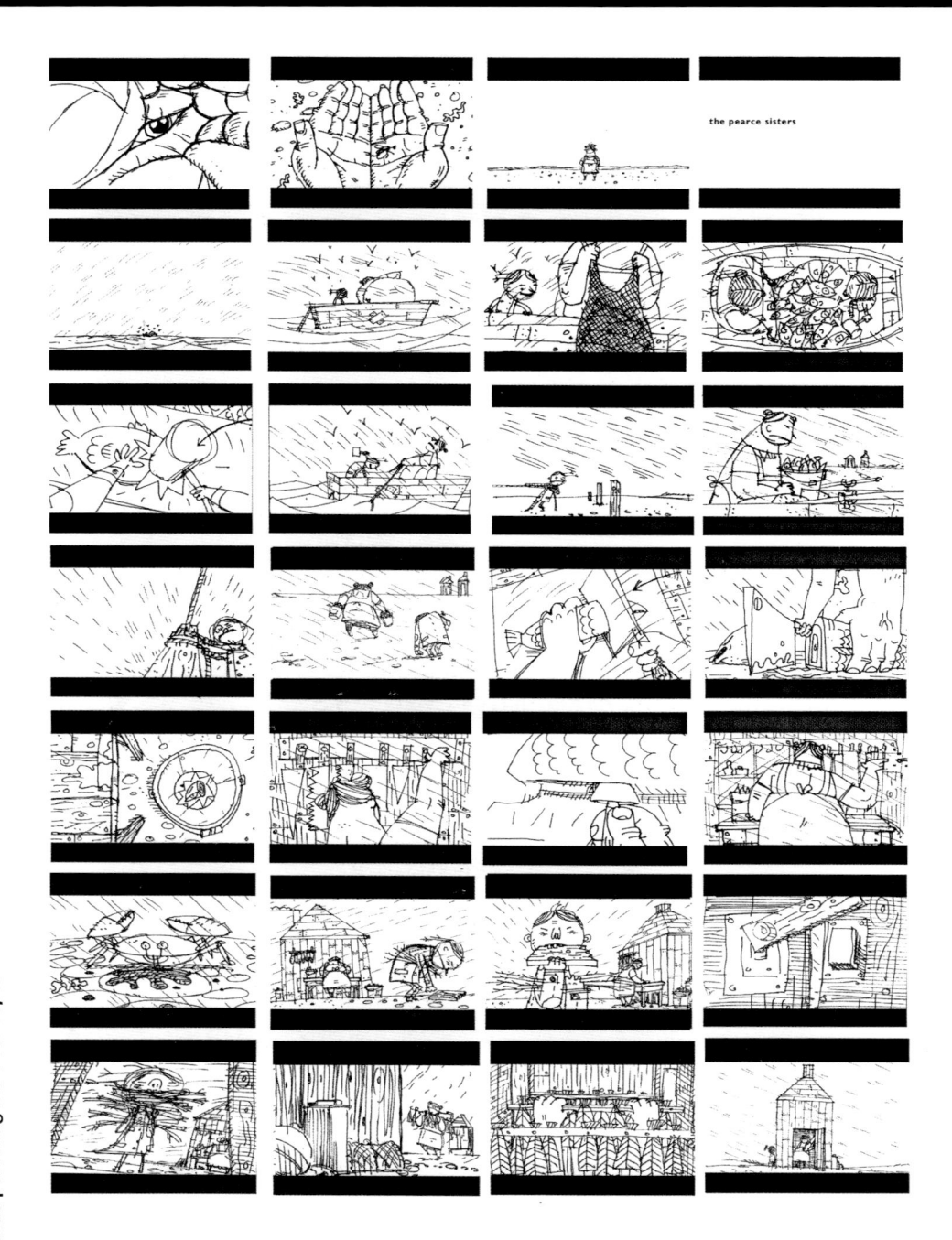

Luis Cook

the pearce sisters

Desenhando personagens e *concepts*

Assim como vários dos animadores neste capítulo, Cook confia em sua intuição e em suas respostas instintivas a um roteiro ou conceito. Ele compartilha com Richard Reeves uma atração pelo fluxo de consciência dentro de sua obra, embora imponha para si mesmo algumas orientações estéticas: "Muitas vezes eu escolho algumas palavras-chave para servirem de guia. Feio. Belo. Lento. Negação. Atmosfera. Cor. Desenho e desenho. Não há um caminho mais curto, na verdade. Você só precisa sentar e desenhar. Às vezes a coisa flui naturalmente, e outras vezes parece um trabalho extenuante. Trata-se de uma solução de problemas abstrata. É como tentar resolver um enigma que não tem uma resposta definitiva. Apenas uma sensação de que algo está certo. Às vezes a música pode ajudar a levar você para outra direção ou estabelecer um tom em sua mente. Meios diferentes são de grande ajuda: carvão, nanquim, tinta, colagem; ou desenhar com a mão esquerda. Desenhar em frente à TV o mais rápido possível, sem olhar para o papel – apenas para as imagens, à medida que elas passam voando. Em um determinado momento, algo interessante surge e você pode trabalhar naquilo até que se torne natural."

O desenvolvimento desses processos pessoais inevitavelmente permite que os *auteurs* apareçam dentro da animação – algo que o desenho incentiva de forma inerente. Cook observa: "Do ponto de vista de um cineasta, a animação desenhada é atraente porque pode ser mais autoral, mais pessoal e mais idiossincrática. É maçante, sim, mas também mais livre, mais orgânica e mais imediata. Isso é uma bênção e uma maldição. Se bem feita, pode atrair a audiência para novos mundos e estéticas incomuns. Mas também pode espantar o público, muito mais do que outras formas de animação. Pode ser mais difícil de assistir. Não sei bem o porquê, talvez por ser uma abordagem mais ilustrativa. O público deve estar muito mais consciente de que se trata da ilustração de uma história, com muitas etapas suprimidas, em relação à realidade. O público precisa se esforçar mais para se envolver com a narrativa. Trata-se de algo que está entre as belas artes e a narrativa cinematográfica. É um caminho difícil de percorrer. Um velho professor uma vez me disse: 'Cinema é prosa. Animação é poesia'. Para mim, a animação desenhada é a mais poética de todas. De certa forma, ela é mais rica, mais densa, e tem uma forte ligação com as memórias de infância, com livros ilustrados, pintura e mundos impossíveis."

◀

Storyboard para The Pearce Sisters

animador
Luis Cook

Trecho do *storyboard* de Cook para *As Irmãs Pearce*, usando elementos icônicos para promover uma sugestão específica de inquietude, perturbação e alheamento.

Luis Cook

As Irmãs Pearce brinca com uma série de contradições estéticas e técnicas. "Eu queria contar uma história simples. Queria experimentar com computação gráfica (CG) e animação desenhada, para acrescentar certa aspereza, para personalizar de alguma forma a CG. Queria combinar as técnicas de animação de alta tecnologia com as técnicas de baixa tecnologia. Queria que o filme tivesse uma forte atmosfera de desolamento. Queria que ele fosse engraçado e triste. Queria que tivesse uma aparência feia e linda. Que fosse moderno e antiquado, repulsivo e atraente, ingênuo e sofisticado. Queria fazer um filme que parecesse ter aparecido na praia, trazido pelas ondas do mar."

Para atingir esses fins prosaicos e poéticos, Cook recorreu ao desenho: "O desenho foi usado do início ao fim da produção. Desenhei os designs iniciais. Desenhei os *storyboards*. Desenhei um animatic, trabalhando os planos, a duração e a composição de cada plano, tudo em preto e branco e muito rudimentar. Então produzi um design em cores para todos os 188 planos do filme. Foi um processo experimental; nunca tínhamos feito isso antes e eu queria reduzir a margem de erro. Usando CG, alinhamos a animação desses designs, usando o design como plano de fundo 2D. Chegamos a mover as personagens, para fazer com que elas fossem deliberadamente inconsistentes em cada plano. Uma vez que um plano era animado no computador, os quadros eram impressos e desenhávamos sobre isso. Os resultados eram então digitalizados e a composição feita em CG. Também projetávamos elementos desenhados sobre os modelos de CG, ou desenhávamos diretamente sobre eles.

"O resultado final é essencialmente um filme em 2D, que se apropriou de todo o volume e dimensão que a animação em 3D pode atingir. É uma mistura curiosa e espero que contribua para a atmosfera perturbadora do filme. Em suma, tudo foi desenhado. Até mesmo os títulos e os créditos foram desenhados à mão."

título
As Irmãs Pearce

animador
Luis Cook

Aqui as irmãs Pearce buscam ressuscitar o corpo do homem que encontram no mar. A natureza descentralizada das personagens e da narrativa enquadra os eventos à distância, intercalados em alguns momentos com *close-ups* extremos. Os imperativos góticos da narrativa estão, de forma sugerida, sempre subjacentes à *mise-en-scène*.

Michael Dudok de Wit > Luis Cook > Gerrit van Dijk

Gerrit van Dijk

Gerrit van Dijk é um dos principais animadores da Holanda, além de ser um verdadeiro iconoclasta da animação e uma autêntica personalidade. Para aconselhar seus alunos a respeito do desenho, ele desenhou as 10 dicas mostradas na página 176.

Van Dijk acredita firmemente que a tradição dominante dos desenhos animados americanos não é a única forma de expressão disponível para os animadores. Admirador da obra de McLaren e das formas em que o próprio desenho pode se tornar o veículo mais direto para a expressão de ideias e sentimentos, van Dijk fez o filme *I Move, So I Am* (1998), um testemunho autobiográfico de seu próprio envolvimento e investimento para com o desenho e da influência profunda da cultura ao seu redor. Para além disso, o filme torna-se um reconhecimento do modo como a animação funciona como veículo para evidenciar memórias e ilustrar experiências.

▼ ▶

Carta a Norman McLaren

autor
Gerrit van Dijk

A carta de Gerrit van Dijk para Norman McLaren reconhece sua influência e menciona o desejo de fazer um filme chamado *I Move, So I Am*.

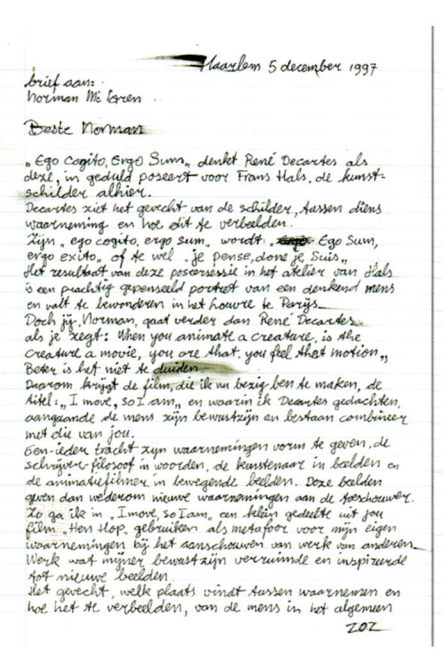

Haarlem, 5 de dezembro de 1997

Caro Norman

René Descartes pensa "Ego cogito, ergo sum" enquanto posa pacientemente para Frans Hals, o pintor local.

Descartes enxerga o conflito do pintor entre sua observação e como representá-la.

Seu "ego cogito, ergo sum" torna-se "ego sum, ergo exito" ou "je pense, donc je suis".

O resultado dessa seção de pose no ateliê de Hals é uma pintura magistral retratando um homem pensativo, e pode ser admirada no Louvre em Paris.

Mas você, Norman, leva a coisa um passo além de Descartes, quando diz: "Quando você anima uma criatura, a criatura é puro movimento e você é aquilo; você sente aquele movimento." Ninguém poderia interpretar melhor.

Por isso é que o título do filme que estou fazendo no momento será "I Move, So I Am", no qual combino as ideias de Descartes sobre a humanidade e a consciência e existência dela com as suas.

Todos tentam dar forma às observações de Descartes: o escritor-filósofo com palavras, o artista com imagens e o cineasta de animação com imagens em movimento.

Essas imagens, mais uma vez, dão novas percepções ao expectador.

Por isso vou usar, em "I Move, So I Am", um pequeno fragmento de seu filme "Hen Hop" (1942) como metáfora para minhas próprias percepções quando vejo obras de outras pessoas, obras que despertaram minha consciência e inspiraram novas imagens.

A batalha que acontece entre a observação percebida e como representá-la, para a humanidade em geral e para o artista criador especificamente, é a inspiração para o filme "I Move, So I Am". Ou, melhor dizendo: a criação.

Vou usar esse trecho de "Hen Hop" sem pedir. Pedir permissão significaria ter que hesitar.

Norman, que a vontade e a inspiração para criar novas imagens e movimentos sejam suas para compartilhar, por muito tempo.

É o que desejo com grande amizade.

Com afeto,

Gerrit

Gerrit van Dijk

título
I Move, So I Am

animador
Gerrit van Dijk

Van Dijk anima a si mesmo no ato literal de se autodesenhar, enquanto relembra a icônica figura de Bill Haley, sua juventude e a influência rítmica do rock 'n' roll.

Desenhando personagens e concepts

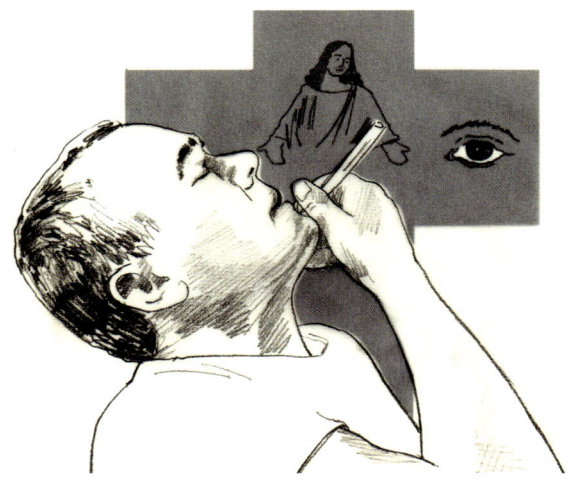

título
I Move, So I Am

animador
Gerrit van Dijk

O artista reconhece o impacto da experiência religiosa e da luta por fé, simbolizada aqui pela "autoconstrução" e pelas presenças icônicas da cruz e da figura de Jesus.

título
I Move, So I Am

animador
Gerrit van Dijk

O artista sinaliza a influência nacional e estética de Piet Mondrian em relação às formas e estilos modernistas, e seu impacto sobre as formas mais abstratas de animação.

título
I Move, So I Am

animador
Gerrit van Dijk

Referência mais explícita de Van Dijk ao filme *Hen Hop*, de Norman McLaren, no qual a empatia de McLaren para com a galinha é diretamente traduzida em seu desenho de animação. Isso, naturalmente, se reflete no fato de que van Dijk desenha a si mesmo durante todo o filme.

GERRIT VAN DIJK: TOP 10 DRAWING TIPS
1 THOU SHALT HAVE NO OTHER GODS BEFORE HIM ME
WALT DISNEY PICTURES
6 THOU SHALT NOT KILL
2 THOU SHALT NOT MAKE UNTO THEE ANY GRAVEN IMAGE
THOU SHALT NOT COMMIT ADULTERY
7
3 THOU SHALT NOT TAKE THE NAME OF THE LORD THY GOD IN VAIN
8 THOU SHALT NOT STEAL
LOONEY TUNES
4 REMEMBER THE SABBATH DAY. TO KEEP IT HOLY
SUN DAY
THOU SHALT NOT BEAR FALSE WITNESS AGAINST THY NEIGHBOR
9
5
thank you
Dear norman
HONOR THY FATHER & THY MOTHER
10 THOU SHALT NOT COVET
GERRIT '08

Glossário

Abstração
Desenho não linear, não objetivo, puramente abstrato, que investiga formas, formatos e cores sem um objetivo específico em mente; tem importância considerável em animação.

Ação e reação
Em animação, grande parte da ação é de alguma forma caricaturada ou exagerada como um "evento" claro que gera uma reação. A ação primária geralmente consiste em movimentos de avanço desempenhados no corpo inteiro, ao passo que a ação secundária costuma ser o efeito sobre partes específicas do corpo ou sobre outras figuras e objetos no ambiente, o que muitas vezes requer uma reação equivalente e oposta.

Animatics
Uma síntese filmada dos painéis do *storyboard*, com uma trilha sonora provisória para criar uma versão preliminar da animação. Essa ferramenta é usada para verificar se a narrativa funciona, o que talvez precise ser adicionado ou removido, e como o diálogo, a música etc. podem funcionar em relação às imagens sugeridas.

Annecy Film Festival
Primeiro e maior festival de animação do mundo, reúne os setores artístico e comercial em uma celebração da animação em todos os seus estilos, técnicas e abordagens, com base em obras históricas e contemporâneas (www.annecy.org).

Antecipação
Modelo de significação do movimento que virá a seguir. Antes de mover-se em uma direção, uma figura ou objeto faz um movimento de recuo na direção oposta, prefigurando de forma eficaz o movimento e oferecendo sua maior clareza e ênfase.

Antropomorfizar
Atribuir características humanas a animais, objetos e ambientes.

Auteur
A teoria do *auteur* foi defendida na década de 1950 e pregava a visão do diretor como único autor de um filme, e como figura com preocupações temáticas e estéticas consistentes em um conjunto de obras. Essa ideia pode ser aplicada aos cineastas de animação que muitas vezes criam sozinhos a obra como um todo.

Caricatura satírica
Cartuns políticos que trazem *insights* e sátiras sobre figuras e instituições políticas e culturais.

Composição
De forma simples, a composição é a combinação de imagens obtidas a partir de uma variedade de fontes possíveis dentro de um mesmo quadro, buscando uma combinação harmoniosa ou um contraponto deliberado. Em essência, trata-se de um sistema de camadas. Embora esteja sempre envolvida nos processos de efeitos especiais em cinema, desde as primeiras configurações, a composição deve tornar-se parte integrante do processo de produção e edição na era digital.

Desenho animado
Um termo controverso na indústria da animação, por ter se tornado singularmente associado ao desenho animado americano, o que limita o entendimento da forma. O termo "animação" é preferido, por ser mais prontamente associável a uma variedade de outros estilos e técnicas e à produção de outros países. O "desenho" que serve de base para a animação é fundamental para caracterizar a forma do desenho animado.

Espaço negativo
Área de uma imagem que não é ocupada por uma forma ou formato definitivo, mas que ajuda a dar sentido à figura em primeiro plano. O espaço negativo pode ser o plano de fundo, mas na maioria dos casos este se consiste em uma sombra.

Estereótipo
Caracterização baseada em uma única característica dominante, ou que reproduz comportamentos sociais. A animação pode investigar essas tipologias e muitas vezes criar personagens complexas, definidas por seus estados interiores.

Estudos anatômicos
Os animadores usam estudos anatômicos de pessoas e animais para ajudar a construir um movimento realista para uma personagem, com base na extensão dos membros, na distribuição do peso, no jeito de andar etc.

Ficha de animação (*x-sheet*)
Ferramenta de planejamento para animadores que permite que a visualização de toda a ação e som pretendidos seja decomposta por *frames*, cenas e sequências, de modo a fornecer instruções ao restante da equipe. Também conhecida como *dope sheet*, *exposure sheet* (folha de exposição) e folha de instruções de câmera.

Hiper-realismo
O estilo de animação clássico da Disney combina o excesso caricatural, para representar a personalidade, com certo grau de realismo anatômico e motor, para tornar convincentes o

Glossário

comportamento e a identidade da figura. Isso serve de base para o estilo de animação contemporâneo da computação gráfica.

Ilustração
Desenho narrativo que serve de base à interpretação específica de um texto ou conceito, partindo de princípios gráficos estáticos, que literalmente interpreta ou sugere, de forma associativa, eventos e desenvolvimentos na história.

Key frame
Quadro que sinaliza o ponto de início e fim, além de outros pontos significativos de mudança estrutural que compõem um movimento coreografado, que deve então ser interpolado com desenhos intermediários para criar uma sequência plenamente animada.

Layout
Oferece um plano de fundo para a ação, e pode também servir para mapear um elemento performativo, se filmado de uma forma específica. O layout é um aspecto pertinente de visualização, quando aliado a movimentos coreografados.

Mise-en-scène
A natureza e construção do conteúdo material da imagem. Em animação, as convenções normais do espaço físico e performático estão em movimento, de modo que os eventos animados – uma *gag*, imagem específica, forma abstrata etc. – ganham destaque.

Model sheet (ou character sheet)
Define as dimensões e a construção do design de uma personagem animada a partir de diversas perspectivas de visualização, e inclui detalhes sobre o rosto, as mãos, os pés etc. Isso permite que vários animadores trabalhem em uma mesma produção, obtendo uma representação consistente.

Olhar
Um termo comum tanto em Cinema quanto em História da Arte que pode se referir ao ato interpretativo e criativo de ver, por parte do artista, ou à forma de ver do público – escopofílica, invasiva, controladora, voyeurística etc. O domínio sobre o olhar e sobre o modo de ver pode servir de base para a criação de formas representacionais política e ideologicamente carregadas.

Personagem
Forma como alguém age e se comporta, desenvolvida de forma espiritual, moral, social e prática através de suas escolhas.

Peso e velocidade
O peso dita a velocidade: personagens maiores tendem a se mover mais lentamente, e sua postura é mais afetada por seu peso, ao passo que personagens mais baixas e/ou magras tendem a se mover mais rapidamente.

Processo
O desenho pode revelar os processos mentais por trás do ato de criatividade, bem como a experiência do artista à medida que o desenho se desdobra, como podemos observar na obra de Michael Shaw e William Kentridge.

Representação animal
Personagens animais que combinam traços humanos e animais, o que permite uma caracterização mais profunda. Evitando a criação e o envolvimento de figuras humanas, os filmes de animação também podem contornar muitos tabus sociais, religiosos e culturais.

Signo
Significante visual de uma informação e/ou sentido social e cultural; o papel dos signos é amplamente discutido na análise semiótica.

Sombra endotrópica
Sombreamento que ocorre dentro de uma forma e sobre ela.

Sombra exotrópica
Sombreamento que ocorre externamente, definindo a forma.

"Squash 'n' stretch" (comprimir e expandir)
Característica marcante nas animações da Disney, em que os corpos das personagens são configurados como uma série de círculos que são comprimidos e expandidos à medida que se movem. Isso permite um movimento exagerado que se mantém relativamente natural e demonstra como a gravidade, o peso, a velocidade, o espaço e a distância operam para determinar o movimento.

Ukiyo-e
A arte Ukiyo-e (que se traduz literalmente como "imagens do mundo flutuante") se originou na Tóquio da era xogum e celebrava os prazeres culturais urbanos. Hokusai, o mais célebre dos artistas da Ukiyo-e, integrou em sua obra um tipo de atmosfera mais pastoral e idílica.

Visualização
A visualização enfatiza somente o pictórico e funciona de forma diferente ou complementar ao diálogo e às descrições textuais. Os processos de visualização são determinados pela técnica escolhida, o conceito em questão e a intenção da narrativa.

Notas sobre desenho

Este livro concentrou-se em sugerir que há muito mais utilidades e aplicações para o desenho em animação do que simplesmente a abordagem clássica, estabelecida desde os primórdios dessa arte. Embora o estilo Disney de animação *full* tenha servido de base para a arte da animação de personagens desde os anos 1920 e seja, ainda hoje, um aspecto intrínseco da forma, este livro não contém uma descrição abrangente da animação clássica – mas é possível encontrar isso em outras fontes (ver Bibliografia). No entanto, a animação clássica é um critério essencial para entender o posicionamento de outros estilos de desenho e o próprio desenho como ferramenta criativa. Este livro busca oferecer conselhos para reduzir a intimidação que as demandas do desenho de animação clássico impõem aos animadores em potencial e demonstrar como, pensando de modo diferente e usando o desenho de outras formas, é possível animar por meio de abordagens não convencionais.

O ato de aprender a desenhar é incentivado ao longo do livro, e não restam dúvidas de que, com prática, dedicação e uma intenção estética concentrada, a qualidade do desenho melhora. Observar constantemente a vida cotidiana, aceitar materiais de todos os tipos de mídia, fazer perguntas e solucionar problemas de forma persistente, aprender com os erros e pré-visualizar a obra pretendida são elementos cruciais para o sucesso no desenho de animação. Aprender com "os mestres" – muitos dos quais são apresentados ou citados neste livro – também é absolutamente vital.

Tim Fernée, Bill Plympton e Deanna Marsigliese são todos grandes atores que têm no lápis seu meio de expressão; seu palco animado é perpetuamente inovado pelo desenho a lápis e reinventado pela natureza primitiva da expressão das preocupações e dos contextos e culturas mais contemporâneos. Aqui, eles compartilham suas notas sobre o ato de desenhar.

Tradução da figura da página 46.

Gerrit van Dijk: Top 10 dicas de desenho

1. ~~Não~~ terás outros deuses diante ~~de mim~~ dele
2. ~~Não~~ farás para ti imagens sagradas
3. ~~Não~~ usarás o nome de Deus em vão
4. Lembra-te do dia do sábado, ~~para o santificar~~
5. Honrarás pai e mãe
6. ~~Não~~ matarás
7. ~~Não~~ cometerás adultério
8. ~~Não~~ furtarás
9. ~~Não~~ dirás falso testemunho contra teu próximo
10. ~~Não~~ cobiçarás

Notas sobre desenho

Tim Fernée

Tim Fernée tem uma considerável experiência na indústria da animação, e sua *expertise* é amplamente reconhecida, de modo que é surpreendente que seus conselhos sejam precedidos de uma confissão interessante: "Minha capacidade de desenho é limitada. Sou capaz de desenhar com rapidez – o que é uma vantagem em animação –, mas minha fraqueza é o fato de que, quando desacelero, os desenhos ficam piores! Consequentemente, sinto-me um farsante pontificando sobre como desenhar bem para animação. Mas já pensei muito sobre como a animação desenhada funciona, simplesmente porque precisava aproveitar ao máximo minha capacidade de desenhar."

Essa é uma observação muito importante, pois é preciso adaptar as habilidades naturais às exigências da tarefa, tendo em mente os melhores conselhos. Como animador experiente, portanto, Fernée oferece as seguintes dicas:

▶ Saiba como as coisas funcionam
Não importa o quão bem você desenhe, é impossível animar um movimento – seja ele mecânico ou orgânico – que você não compreende. Este domínio sobre o movimento ajuda a animação a aproveitar ao máximo seu desenho.

▶ Entenda o processo
O desenho de animação é semelhante ao desenho para impressão. Alguns aspectos são enfatizados, enquanto outros se perdem. Até mesmo um esboço sem tratamento ou uma animação processada manualmente podem ganhar vida própria quando filmados e, hoje, há muito mais chances de que você desenhe usando um software. Qualquer que seja o processo, você deve entendê-lo e usá-lo a seu favor.

▶
título
The Marsh King's Daughter
animador
Tim Fernée

Nanquim e pintura digital são levados aos limites para evocar o mundo dos contos de fadas e as ilustrações infantis clássicas.

▶ Entenda o *timing*
Essa não é apenas a essência do drama, mas também da verossimilhança – a expressão de aspectos físicos, como peso, escala e distância. Um bom desenho não garante uma animação convinvente, a não ser que o *timing* seja bom (algumas das primeiras animações foram desenhadas com maestria, mas não funcionaram porque o *timing* ainda não havia sido compreendido). Por outro lado, um bom *timing* pode dar vida a desenhos imperfeitos.

▶ Memória – análise
Tente compreender a relação entre animação e memória. A animação precisa de desenhos baseados em observação, mas sua função é tocar a memória ou a imaginação do público. Até mesmo uma caminhada ou corrida pode ser pouco convincente para alguém que tem uma memória diferente da ação, e se você precisar explicar para o público (ou cliente) que algo que parece errado para eles na verdade está certo, você está perdido, e nem Muybridge poderá lhe salvar.

▶ Trabalho em equipe
O desenho de animação é, quase sempre, uma empreitada em equipe. É justificável selecionar colegas que ajudem a esconder suas inadequações (e as inadequações uns dos outros); na verdade, essa é uma habilidade necessária, sem a qual você não pode fazer um filme mais longo ou melhor do que aquilo que você mesmo seria capaz de desenhar!

▶ Desenho como ferramenta de desenvolvimento
À medida que a produção de animações torna-se menos dependente do desenho, aqueles de nós que desenham obsessivamente se encontram cada vez mais envolvidos em pensar visualmente sobre o desenvolvimento, o que nos oferece oportunidades maravilhosas para criar narrativas visuais e nos desafia a tornar nosso raciocínio visual ainda mais claro e acessível.

D'Eon 'twixt the shafts - he's shafted again

◀
título
Rowlandson Rides Again

animador
Tim Fernée

Frame de *Rowlandson Rides Again*, obra em que a combinação de lápis e Photoshop, com aspecto de esboço, evoca de forma tão eficaz o turbulento mundo do artista, Regency, que acabou levando o filme para a seção politicamente incorreta do Annecy Film Festival.

Notas sobre desenho

Bill Plympton

Bill Plympton é um dos principais *auteurs* da comédia de animação, e é admirado por seu estilo próprio de desenhos animados. Aqui, ele identifica doze ideias que considera importantes para o desenho de animação:

▶ Desenhe o tempo todo.

▶ Aprenda a desenhar rostos, pés, mãos e tecido.

▶ Desenhe a partir da TV.

▶ Use sombras.

▶ Tenha uma curiosidade infantil.

▶ Encontre um estilo único.

▶ Observe a vida.

▶ Tenha sempre consigo um lápis e um bloco.

▶ Ame os erros.

▶ Desenhe as cenas a partir de todos os ângulos diferentes.

▶ Roube dos mestres.

▶ Visualize mentalmente a imagem antes de desenhar.

Plympton conquistou sua reputação e estilo desenhando cartuns políticos e trabalhando com ilustração, e só foi se tornar animador mais tarde em sua carreira. Ele relembra: "Como ilustrador e cartunista, eu havia acumulado, ao longo dos anos, uma pilha de ideias engraçadas para filmes animados; era apenas uma questão de desenhá-las. Todos aqueles anos reprimidos, sem ser animador, me fizeram sentir como se eu estivesse ficando para trás; como se eu tivesse perdido o trem e precisasse correr atrás. Retomei minhas velhas ideias e comecei a fazer curtas-metragens, um a cada dois ou três meses. (*One Of Those Days*, de 1988, por exemplo, surgiu de um cartum que fiz para uma revista masculina. Eram as últimas coisas que pessoas famosas viram antes de morrer – e foi bastante popular.) Dizem que sou muito prolífico, mas foram aqueles 15 anos sem fazer animação que fizeram com que eu mostrasse minhas ideias e encontrasse um público."

▶

título
Idiotas e Anjos

artista
Bill Plympton

Amostras de imagens retiradas de *Idiotas e Anjos* (*Idiots and Angels*). O estilo que se tornou a assinatura de Plympton apresenta as figuras em ambientes tipicamente esparsos. Aqui, no entanto, elas aparecem em uma *mise-en-scène* de tom e cor mais lúgubres.

Plympton lembra com ternura de suas primeiras incursões na compreensão da forma animada, e ressalta aqui a importância de utilizar fontes publicadas para melhorar a técnica e a abordagem: "Eu era fã do Clube do Mickey, tanto que me associei e recebia a revista – eu achava que aquilo era o auge da animação. Eu achava que algumas personagens eram realmente atraentes por serem bem desenhadas – especialmente em um filme como *Mogli*. Minha tia me levou à Disneylândia quando eu tinha 12 ou 13 anos. A coisa de que mais me lembro é de querer um livro de animação de Walt Disney, que estava à venda na loja. Isso serve pra mostrar o quanto eu estava decidido a ser um animador. Eu queria ter aquele livro para descobrir como eles faziam aqueles filmes. Era uma resposta racional para mim".

Ele ressalta também a importância de aproveitar as oportunidades de prática e aprendizado ao desenvolver um ofício. "Quando me mudei para Nova Iorque em 1975, consegui desenhar cartuns políticos para o *SoHo Weekly News*. Estávamos na era Ford, e todos eram compelidos a serem politizados, por isso minha arte tornou-se politizada. Porém, não demorou para que eu ficasse entediado com aquilo, e eu não era lá muito bom; além disso, meu trabalho era incomum, pois eu desenhava uma tira contínua, e não um cartum de um só quadro. Mas eu estava fazendo muitas outras coisas – cartuns de sexo para revistas masculinas; ilustrações comerciais, muita coisa."

A independência e o espírito livre de Plympton serviram de base para sua carreira e produção e permitiram que ele resistisse a ser absorvido por um grande estúdio e continuasse a trabalhar com seu estilo próprio de desenho.

Uma *webcam* no site de Plympton permite acesso aos seus desenhos e também ao seu filme mais recente, *Idiotas e Anjos* (*Idiots and Angels*); você pode, inclusive, espiar por sobre o ombro do artista, o que também se constitui numa ferramenta de aprendizado muito útil.

Notas sobre desenho

Deanna Marsigliese

Já que Fernée e Plympton ofereceram conselhos na condição de profissionais experientes, faz sentido encerrar esta seção com algumas dicas de Deanna Marsigliese, que não apenas cria seus próprios trabalhos, como também é uma dedicada professora de animação.

Embora tenha uma formação clássica, ela explica: "Desenvolvi minhas habilidades artísticas desenhando constantemente e trabalhando de perto com parceiros, instrutores e colegas talentosos. Não acredito que o desenho de animação esteja relacionado a um ou outro estilo em particular. Os desenhos de animação são definidos por seu propósito; expressar vida, história e movimento. Cada desenho deve parecer parte de uma sequência progressiva, exibindo uma noção de força, direção, peso, clareza e, é claro, emoção. Independentemente do estilo de desenho, o desenho de animação envolve dinâmica; expressar uma ideia de energia e vitalidade."

Marsigliese oferece os seguintes conselhos em relação à dinâmica na animação:

▶ Suas linhas devem ser combinadas para transmitir movimento e emoção, dando uma ideia de vitalidade a cada uma das poses narrativas. É importante se manter solto.

▶ Sempre desenhe a partir do ombro e não a partir do pulso. Isso lhe dará maior liberdade de movimento, permitindo que seus esboços tenham traços mais amplos, dinâmicos e gestuais.

▶ Na hora de criar poses para animação, é uma boa ideia estabelecer uma base estrutural usando uma linha de ação. Isso permite um maior senso de direção, força e equilíbrio desde o início. Use essa linha para dar fluidez e unidade aos seus desenhos.

▶ À medida que você continua a aprimorar a pose, tome consciência de seus volumes, proporções e silhueta geral.

▶ Seja econômico com suas linhas para evitar a poluição, usando traços mais escuros para expressar tensão e peso.

▶ Mantenha-se gestual.

▶ As poses devem parecer naturais e dinâmicas.

▶ Não se desgaste sobre seu trabalho.

▶ Linhas e detalhes desnecessários endurecem o desenho e interrompem o ritmo.

Marsigliese argumenta que o desenho de animação, mais do que meramente funcional, deve ser inspirado pela destreza técnica de sua execução e pela versatilidade de linguagem de expressão. "Meus processos de desenho variam dependendo do projeto. Quando desenho especificamente para uma sequência animada, uso uma combinação de todos os pontos mencionados acima. Acredito muito em pesquisa. Muitas vezes digo aos meus alunos que eles devem dedicar pelo menos um terço de seu tempo à análise do movimento e/ou das emoções retratadas. Isso permite desenhar com precisão. É importante encontrar inspiração na vida e transportá-la para as poses de suas personagens. Depois de pesquisar, uso minha intuição para melhorar os desenhos através da caricatura e do 'estica e puxa' de formas e linhas, adicionando peso e exagero conforme necessário. Por fim, exploro ainda mais profundamente as poses, adicionando toques e detalhes criativos. É muito útil estabelecer primeiramente a base mais 'técnica' e precisa, e então aplicar caricatura e exagero sobre ela.

Quando faço design de personagem para animação, minha abordagem é puramente intuitiva. Posso começar sem ter muito rumo e experimentar com diferentes formas, cores e linhas, escolhendo as combinações que retratem da melhor forma a personalidade da personagem. É importante ler o roteiro, prestar atenção aos diálogos e ter uma ideia dos maneirismos, dos hábitos e do porte geral de sua personagem. Em minha opinião, a verossimilhança de sua personagem depende do que você imagina para ela. Crie o design de forma atraente: formas limpas, proporções divertidas, contraste entre retas e curvas, linhas que mostram forma e movimento. Diferentes abordagens a esses princípios podem ser observadas nas obras de outros artistas que você admira. Quando preciso de mais inspiração, busco isso na vida. Estar cercada de outras pessoas permite que eu capture suas características, traços faciais e tipos físicos em meu trabalho de design. Desenhar sobre superfícies texturizadas com novas cores e técnicas também dá vazão a efeitos acidentais e formas originais de abordar um design. Por fim, é importante criar dentro de um estado de atemporalidade; relaxar, explorar e divertir-se."

◀ ▶

Design divertido

artista
Deanna Marsigliese

O senso de diversão de Marsigliese surge nessas divertidas imagens de sereias e caricaturas dos Beatles.

Conclusão

No início deste projeto, conversei com Joanna Quinn e Les Mills sobre como podíamos colaborar em um livro. Joanna queria trazer seu próprio senso de alegria e suas habilidades intrínsecas de desenho para o projeto, e Les queria incluir suas ideias sobre narrativas relacionadas e conceito para a questão do desenho. Eu queria acrescentar o "panorama", pois estava determinado a levar o tópico do "desenho para animação" para além dos manuais técnicos que, em grande parte, ocupam-se de reiterar as técnicas da animação clássica e a associação aparentemente singular do "desenho" com o "desenho animado". O que era importante para os três autores era oferecer algumas ferramentas práticas, um pouco de análise crítica, e incentivar a experimentação e a aceitação de todos os diferentes tipos de modelos existentes no desenho de animação. Esperamos ter alcançado esse objetivo.

A própria Joanna Quinn é reconhecida como uma mestra da animação, e todos os colegas dentro do campo aqui representado, que incluem de Wit, Driessen, Plympton e Cook, compartilham um respeito e admiração mútuos por suas realizações. O mais importante, no entanto, é que todos buscam lidar com a gama de influências visuais, das tiras em quadrinhos às Belas Artes; da ilustração às formas primitivas; das charges políticas à própria animação. Também buscam incorporar todas as formas de arte relacionadas, da dança à escultura, passando pelo teatro. Essa disposição para usar todas as formas de culturas visuais a serviço da animação é crucial para desenvolver as habilidades e o conhecimento que permitem a criação de obras únicas; obras que, neste caso, surgem a partir da versatilidade da forma desenhada e da expressão única que a animação permite.

Este livro buscou oferecer uma variedade de trajetórias para que o desenho de animação seja entendido como uma forma complexa e variada que opera em diversos contextos, e não meramente no contexto da animação clássica do estilo Disney. Uma intenção central – essencialmente o desejo de ajudar a cultivar a capacidade de traduzir um sentimento ou raciocínio expressivo para o papel e para o movimento – está efetivamente no cerne dessa discussão. O desenho pode evidenciar memórias, ideias, emoções e especulações, e são verdadeiramente as "coisas corporais" que comunicam nossa complexidade e o desafio de personagens íntimas, paisagens e signos. O desenho permanece sendo a linguagem fundamental de expressão por trás de todas as formas de animação, mesmo na era digital; o desenho a lápis se mantém como a mais básica e formativa das expressões, e a animação é o veículo mais sofisticado para a criação de sentido e efeito.

▼

Anúncio para United Airlines

artista
Joanna Quinn

Bibliografia

Textos essenciais

Hart, C (1997)
How to Draw Animation
New York: Watson-Guptill Publications

Missal, S (2004)
Exploring Drawing For Animation
New York: Thomson Delmar Learning

Whitaker H & Halas, J (2002)
Timing for Animation
Boston & Oxford: Focal Press

White, T (1999)
The Animator's Workbook
New York: Watson-Guptill Publications

Williams, R (2001)
The Animator's Survival Kit
London & Boston: Faber & Faber

História da animação

Adams, TR (1991)
Tom and Jerry: 50 Years of Cat and Mouse
New York: Crescent Books

Adamson, J (1974)
Tex Avery: King of Cartoons
New York: Da Capo

Barrier, M (1999)
Hollywood Cartoons:
American Animation in the Golden Age
New York & Oxford: OUP

Beck, J (1994)
The 50 Greatest Cartoons
Atlanta: Turner Publishing Co

Bendazzi, G (1994)
Cartoons: 100 Years of Cartoon Animation
London: John Libbey

Brion, P (1990)
Tom and Jerry: The Definitive Guide to their Animated Adventures
New York: Crown

Bruce Holman, L (1975)
Puppet Animation in the Cinema:
History and Technique
Cranberry: New Jersey

Cabarga, L (1988)
The Fleischer Story
New York: Da Capo

Crafton, D (1993)
Before Mickey:
The Animated Film 1898-1928
Chicago: University of Chicago Press

Eliot, M (1994)
Walt Disney:
Hollywood's Dark Prince
London: André Deutsch

Frierson, M (1993)
Clay Animation: American Highlights 1908-Present
New York: Twayne

Holliss, R & Sibley, B (1988)
The Disney Studio Story
New York: Crown

Kenner H (1994)
Chuck Jones:
A Flurry Of Drawings
Berkeley: University of California Press

Maltin, L (1987)
Of Mice and Magic
A History of American Animated Cartoons
New York: New American Library

Manvell, R (1980)
Art and Animation: The Story of Halas and Batchelor Animation Studio 1940-1980
Keynsham: Clive Farrow

Merritt, R & Kaufman, JB (1993)
Walt in Wonderland:
The Silent Films of Walt Disney
Baltimore & Maryland: John Hopkins University Press

Sandler, K (ed) (1998)
Reading the Rabbit:
Explorations in Warner Bros. Animation
New Brunswick: Rutgers University Press

Bibliografia

Arte e animação

Allan, R (1999)
Walt Disney and Europe
London: John Libbey

Faber, L & Walters, H (2004)
Animation Unlimited: Innovative Short Films Since 1940
London: Laurence King Publishing

Finch, C (1988)
The Art of Walt Disney: From Mickey Mouse to Magic Kingdoms
New York: Portland House

Gravett, P (2004)
*Manga:
Sixty Years of Japanese Comics*
London: Laurence King Publishing

Halas, V and Wells, P (2006)
*Halas & Batchelor Cartoons:
An Animated History*
London: Southbank Publishing

Jones, C (1990)
Chuck Amuck
London: Simon & Schuster

Jones, C (1996)
Chuck Reducks
New York: Time Warner

McCarthy, H (2002)
Hayao Miyazaki: Master of Japanese Animation
Berkeley, California: Stone Bridge Press

Pointon, M (ed) (1995)
*Art History
[Cartoon: Caricature: Animation]*
Vol 18, No 1, March 1995

Russett, R & Starr, C (1988)
*Experimental Animation:
Origins of a New Art*
New York: Da Capo

Wells, P (1997) (ed)
Art and Animation
London: Academy Group/ John Wiley

Wiedemann, J (ed) (2005)
Animation Now!
London & Los Angeles: Taschen

Withrow, S (2003)
Toon Art
Lewes: Ilex

Práticas de animação

Beckerman, H (2004)
Animation: The Whole Story
New York: Allworth Press

Birn, J (2000)
Digital Lighting and Rendering
Berkeley, Ca: New Riders Press

Blair, P (1995)
Cartoon Animation
Laguna Hills, Ca: Walter Foster Publishing

Corsaro, S & Parrott, CJ (2004)
Hollywood 2D Digital Animation
New York: Thompson Delmar Learning

Culhane, S (1988)
*Animation:
From Script to Screen*
London: Columbus Books

Demers, O (2001)
Digital Texturing and Painting
Berkeley, Ca: New Riders Press

Gardner, G (2001)
Gardner's Storyboard Sketchbook
Washington, New York & London: GGC Publishing

Gardner, G (2002)
Computer Graphics and Animation: History, Careers, Expert Advice
Washington, New York & London: GGC Publishing

Hooks, E (2000)
Acting for Animators
Portsmouth, NH: Heinemann

Horton, A (1998)
*Laughing Out Loud
Writing the Comedy Centred Screenplay*
Los Angeles: University of California Press

Johnson, O & Thomas, F (1981)
The Illusion of Life
New York: Abbeville Press

Kerlow, IV (2003)
The Art of 3D Computer Animation and Effects
New York: John Wiley & Sons

Kuperberg, M (2001)
Guide to Computer Animation
Boston & Oxford: Focal Press

Laybourne, K (1998)
The Animation Book
Three Rivers MI: Three Rivers Press

Lord, P & Sibley, B (1999)
Cracking Animation:
The Aardman Book of 3D Animation
London: Thames & Hudson

McKee, R (1999)
Story
London: Methuen

Meglin, N (2001)
Humorous Illustration
New York: Watson-Guptill Publications

Neuwirth, A (2003)
Makin' Toons:
Inside the Most Popular Animated TV
Shows & Movies
New York: Allworth Press

Patmore, C (2003)
The Complete Animation Course
London: Thames & Hudson

Pilling, J (2001)
2D and Beyond
Hove & Crans-pès-Céligny: Rotovision

Ratner, P (2003)
3-D Human Modelling and Animation
New York: John Wiley & Sons

Ratner, P (2004)
Mastering 3-D Animation
New York: Allworth Press

Roberts, S (2004)
Character Animation in 3D
Boston & Oxford: Focal Press

Scott, J (2003)
How to Write for Animation
Woodstock & New York: Overlook Press

Segar, L (1990)
Creating Unforgettable Characters
New York: Henry Holt & Co

Shaw, S (2008)
Stop Motion:
Craft Skills for Model Animation
Boston & Oxford: Focal Press

Simon, M (2003)
Producing Independent 2D Character Animation
Boston & Oxford: Focal Press

Simon, M (2005)
Storyboards: Motion in Art
Boston & Oxford: Focal Press

Subotnick, S (2003)
Animation in the Home Digital Studio
Boston & Oxford: Focal Press

Taylor, R (1996)
The Encyclopaedia of Animation Techniques
Boston & Oxford: Focal Press

Tumminello, W (2003)
Exploring Storyboarding
Boston & Oxford: Focal Press

Webber, M (2000)
Gardner's Guide to Animation Scriptwriting
Washington, New York & London: GGC Publishing

Webber, M (2002)
Gardner's Guide to Feature Animation Writing
Washington, New York & London: GGC Publishing

Wells, P (2007)
Scriptwriting
Lausanne & Worthing: AVA Academia

Winder, C & Dowlatabadi, Z (2001)
Producing Animation
Boston & Oxford: Focal Press

Filmografia

Os seguintes filmes são citados neste livro:

2D or Not 2D (2004)
A Close Shave (1995)
Air! (1972)
All Nothing (1979)
Animal Farm (1954)
Animated World Faiths : The Story of Guru Nanak (1998)
Azur and Asmar (2006)
Bad Luck Blackie (1949)
Balance (1950)
Bambi (1941)
Blood and Iron (2007)
Bob the Builder (1999)
Body Beautiful (1990)
Boy Who Saw The Iceberg, The (1999)
Britannia (1993)
Captain Scarlet (2005)
Cat's Cradle (1974)
Curious Cow (2000)
David (1977)
Dreams and Desires – Family Ties (2006)
Elles (1992)
End of the World in 4 Seasons (1995)
Fantasia (1940)
Father and Daughter (2000)
Father Christmas (1991)
Feet of Song (1988)
Finding Nemo (2003)
Francis (2007)
Frankenstein's Cat (2008)
Fudget's Budget (1954)
Funnybones (1995)
Grizzly Tales for Gruesome Kids (2000)
Gerald McBoing Boing (1950)
Gertie the Dinosaur (1914)
Girls Night Out (1986)
Homo Zombies (2003)
How to Kiss (1989)
Huckleberry Hound, Show, The (1958)
Humorous Phases of Funny Faces (1906)
I Move, So I Am (1997)

Idiots and Angels (2008)
Incredibles, The (2004)
Iron Giant, The (1999)
Jungle Book, The (1967)
King of the Birds (1996)
King Size Canary (1947)
Light of Uncertainty (1998)
Little Rural Riding Hood (1949)
Man Alive (1952)
Man Who Planted Trees, The (1987)
Man With a Movie Camera (1929)
Marin (2007)
Mars Attacks! (1996)
Mighty River, The (1995)
Muppet Show, The (1976)
Oktapodi (2007)
Old Man and the Sea, The (1999)
Olympia (1938)
On Land, At Sea & In the Air (1980)
One of Those Days (1988)
Pas De Deux (1968)
Pearce Sisters, The (2007)
Porco Rosso (1992)
Ratatouille (2007)
Renaissance (2006)
Rescued By Rover (1905)
Rooty Toot Toot (1951)
Rowlandson Rides Again (1999)
Ruff 'n' Reddy (1957)
Samurai Jack (2001)
Sea Song (1999)
Sir Gawain and the Green Knight (2002)
Sita Sings the Blues (2008)
Snow White and the Seven Dwarfs (1937)
Snowman, The (1982)
Soma (2001)
South Park (1997)
Spirited Away (2001)
Star Wars (1977)
Steamboat Willie (1928)
Sunny Side Up (1985)
Superglue (1987)
Sword of Storms (2006)
Tea at Number Ten (1987)

Terkel in Trouble (2004)
Triangle (1994)
Triumph of the Will (1935)
Uncles and Aunts (1989)
Waterpeople (1995)
What Might Be (2006)
When the Wind Blows (1986)
Wife of Bath, The (1998)
Yellow Submarine (1968)

Os seguintes filmes são igualmente úteis para uma abordagem ao desenho:

6 Weeks in June (1998)
Across the Fields (1992)
All the Drawings of the Town (1959)
Allegro Non Tropo (1976)
At the End of the Earth (1999)
Big Snit, The (1985)
Bird in the Window (1996)
Birds, Bees and Storks (1964)
Breakfast on the Grass (1987)
Cat Came Back, The (1998)
Chicken Sandwich (2001)
Christopher Crumpet (1953)
Doubled Up (2004)
Drawn from Memory (1995)
Franz Kafka (1999)
Intolerance I, II, III (2000-2003)
Island of Black Mor, The (2004)
JoJo in the Stars (2003)
Man With the Beautiful Eyes, The (1999)
Media (1999)
Mt Head (2002)
Passing Days (1969)
Pleasures of War (1998)
Repete (1995)
Ring of Fire (2000)
Satiemania (1978)
Sisyphus (1967)
Sobriety, Obesity and Growing Old (1991)
TRANSIT (1997)
Trouble Indemnity (1950)
Who I Am and What I Want (2005)

Webgrafia

www.karmatoons.com
O site pessoal de Doug Compton é muito útil para quem trabalha criando desenhos para animação clássica.

www.animationmentor.com
Site pago e bastante completo para animadores que desejam animar nos padrões profissionais; prioriza as abordagens da animação clássica para aplicações digitais.

www.awn.com
Animation World Network – simplesmente a fonte mais importante para a comunidade global de animação, com artigos, informações e notícias.

www.johnkstuff.blogspot.com
O blog de John Kricfalusi recomenda análises específicas de desenhos animados e publicações relevantes sobre a "era de ouro" da animação.

www.cooltoons2.com
Informações sobre desenhos animados de televisão.

www.microsoft.com
Dicas e suporte sobre a produção de animações para a Web, apropriando-se de ideias dos processos de animação tradicionais.

www.cartoonbrew.com
Notícias e comentários sobre a indústria da animação por Jerry Beck, do CartoonResearch.com, e Amid Amidi, do AnimationBlast.com, ambos autores reconhecidos no campo da história dos desenhos animados americanos.

www.animationacademy.co.uk
Site da Animation Academy da Loughborough University, criadores da iniciativa Animation Workshop.

Créditos de imagens / agradecimentos

P3 Cedida por Richard Reeves
P7 Cedida por The Halas and Batchelor Collection Limited
P8 "Gato Félix" cedido pela Biblioteca do Congresso Americano
P9 *Model sheet* para Betty Boop – Fleischer Bros. Cedida pela Biblioteca do Congresso Americano
P10 Man Alive! Cedida por Tee Bosustow
P20; 129 Imagens dos anúncios de Charmin cedidas por Procter & Gamble
P23 Cedida por Ward Kimball
P24 O Vagão da Terceira Classe, c.1862-64 (óleo sobre tela) (foto p/b), Daumier, Honoré (1808-79) / Metropolitan Museum of Art, Nova Iorque, EUA / The Bridgeman Art Library
P25 La Clownesse Assise, Mademoiselle Cha-U-Kao (litografia), de Toulouse-Lautrec, Henri de (1864-1901) Queensland Art Gallery, Brisbane, Austrália / The Bridgeman Art Library: Bailarina Sentada, c.1881-83 (pastel sobre papel), de Degas, Edgar (1834-1917). Musée d'Orsay, Paris, França / Giraudon / The Bridgeman Art Library
P27 Estudo de braços (pena e nanquim sobre papel), Vinci, Leonardo da (1452-1519) (atribuído) / Louvre, Paris, França / Giraudon / The Bridgeman Art Library
P39 "John Bull's Progress", publicado por Hannah Humphrey, 1793 (gravura) (foto p/b), Gillray, James (1757-1815) / British Museum, Londres, Reino Unido / The Bridgeman Art Library
P46; 74 Imagens de anúncios para Whiskas cedidas por Mars, Incorporated. Todos os direitos reservados. ®/TM Whiskas, Marca registrada da Mars, Incorporated e suas subsidiárias
P48; 50; 54; 55; 60-65; 102-105 Cedidas por Peter Parr
P55; 71; 100 Cedidas por Kimberley Rice
P66-67 Cedidas por Animation Workshop
P72 Cedida por Michel Ocelot

P77 Cedida por Michael Shaw
P82-83 Cedidas por Clive Walley
P85 Shira Avni
P86-89 Cedidas por Right Angle Productions
P91-92 Cedidas por A. Film
P93-95 Cedidas por Marmier et al.
P96-99 Cedidas por Michel Ocelot
P112-115 Cedidas por Alexandre Bernard, Pierre Pages e Damien Laurent
P116-117 Cedidas por Erica Russell
P118-123 Cedidas por Curtis Jobling
P124-127 Cedidas por Al Hirschfeld e JJ Sedelmaier
P126-127 Cedidas por JJ Sedelmaier
P130-133 Cedidas por Tim Fernée
P134-139 Cedidas por Let Me Feel Your Finger First
P141 Hellboy: Espada das Tempestades (Hellboy Animated: Sword of Storms). Cedidas por Dark Horse Publications LLP
P141-147 Cedidas por Nina Paley
P148; 154-157 Cedidas por Paul Driessen
P150-151 *Storyboards* para The Man Who Planted Trees cedidos por Frédéric Back © Atelier Frédéric Back inc.
P153 Fotograma de The Man Who Planted Trees cedido por Radio-Canada-CBC
P158-161 Cedidas por Richard Reeves
P162-165 Michael Dudok de Wit
P167-168; 170-171 Fotogramas de *The Pearce Sisters* por Luis Cook © Aardman Animation Ltd. 2007
P172; 174-6 Cedidas por Gerrit van Dijk
P180-181 Cedidas por Tim Fernée
P182-183 Cedidas por Bill Plympton
P184-185 Cedidas por Deanna Marsigliese

Foram adotadas todas as medidas possíveis para identificar, esclarecer e creditar os detentores dos direitos autorais das imagens reproduzidas neste livro. No entanto, caso algum crédito tenha sido inadvertidamente omitido, a editora se compromete a incorporar emendas às edições futuras.

Meus sinceros agradecimentos a Tamasin Cole, pelo design deste livro, e a Caroline Walmsley, Georgia Kennedy, Brian Morris e Renée Last por, mais uma vez, fazerem com que o show continuasse, ajudando-me nos momentos difíceis...

Outras pessoas que merecem um grande agradecimento:
Mette Peters
Brian Wells
Eric Serre
Marie Foulston
Helen Neno
Dave Burgess
Chris Hinton
Steve Bell
William Kentridge
Marie Christine Demers
Kerry Drumm
Shelley Page
Magali Montet
Rebecca Battle
Peter Chung

E, é claro, todos os artistas e professores citados no texto.

ANIMAÇÃO BÁSICA

Trabalhando com ética

Lynne Elvins
Naomi Goulder

Nota da editora

O tema "ética" não é novo, mas a reflexão sobre ele dentro das artes visuais aplicadas talvez não esteja tão presente quanto deveria. Nosso objetivo é ajudar uma nova geração de estudantes, educadores e profissionais a encontrar uma metodologia para estruturar as suas ideias e reflexões nessa área tão importante.

A editora espera que este anexo, **Trabalhando com ética**, atue como uma plataforma para a reflexão e como um método flexível para a incorporação de questões éticas no trabalho de educadores, estudantes e profissionais. Nossa abordagem consiste em quatro etapas:

A **introdução** tem por objetivo ser uma visão geral acessível da ética, em termos tanto de desenvolvimento histórico quanto de temas mais discutidos atualmente.

A **estrutura** distribui a reflexão ética em quatro áreas e levanta questões sobre implicações práticas que podem ocorrer. Marcando as suas respostas a essas questões na escala apresentada, você poderá explorar as suas reações mais profundamente por meio de comparação.

O **estudo de caso** expõe um projeto real e levanta algumas questões éticas para uma maior reflexão. Esse é um ponto de foco para o debate, e não para a análise crítica, portanto, não há respostas predeterminadas, certas ou erradas.

As **leituras complementares** trazem uma seleção de livros para você se aprofundar nas áreas de maior interesse.

Ética: consciência/reflexão/debate

Introdução

A ética é um tema complexo que entrelaça a ideia de responsabilidade junto à sociedade e um grande leque de reflexões relevantes sobre o caráter e a felicidade do indivíduo. Ela engloba virtudes como compaixão, lealdade e força, mas também confiança, imaginação, humor e otimismo. Conforme introduzido na filosofia grega antiga, a questão ética fundamental é *o que eu deveria fazer?* O modo como devemos perseguir uma vida "boa", de bondade, não levanta apenas questões morais sobre os efeitos de nossas ações sobre os outros, mas também questões pessoais sobre a nossa própria integridade.

No mundo contemporâneo, as questões mais importantes e controversas em ética têm sido as de cunho moral. Com o crescimento das populações e os avanços na mobilidade e na comunicação, não surpreende que as reflexões sobre como estruturar nossas vidas, todos juntos no planeta, tenham emergido ao primeiro plano. Para artistas visuais e comunicadores, não deve ser surpresa que essas considerações entrem no processo criativo.

Algumas questões éticas já estão consagradas nas leis e regulamentações governamentais ou em códigos de conduta profissional. Por exemplo, plágio e violação de confidencialidade podem ser ofensas sujeitas a punição. A legislação de várias nações torna ilegal a exclusão de pessoas com deficiência do acesso à informação e aos espaços. O comércio de marfim como material foi banido em muitos países. Nesses casos, uma linha sob o inaceitável foi claramente traçada.

A maioria das questões éticas permanece aberta ao debate, igualmente entre especialistas e leigos, e, no final, precisamos fazer as nossas próprias escolhas com base em nossos próprios princípios ou valores. É mais ético trabalhar para uma empresa comercial ou beneficente? É antiético criar algo que os outros achem feio ou ofensivo?

Questões específicas como essas podem levantar outras questões mais abstratas. Por exemplo, é importante apenas o que afeta os seres humanos (e sobre as coisas com as quais se importam), ou o que afeta o mundo natural também merece atenção?

A promoção dos fins éticos é justificada mesmo quando os meios exigem alguns sacrifícios éticos? Deve haver apenas uma teoria unificadora para a ética (como o utilitarismo, que prega o curso de ação correto como aquele que sempre conduz para a maior felicidade do maior número de indivíduos possível), ou deve haver sempre vários valores éticos diferentes que puxam as pessoas em diversas direções?

À medida que entramos no debate ético e nos comprometemos com esses dilemas em nível pessoal e profissional, podemos mudar nossos pontos de vista ou nossa visão sobre os outros. O verdadeiro teste, entretanto, é se, conforme refletimos sobre esses temas, mudamos nossa maneira de agir e de pensar. Sócrates, o "pai" da filosofia, propôs que as pessoas são naturalmente "boas" quando e se sabem o que é certo. Mas essa afirmação só nos leva a outra questão: *como sabemos o que é certo?*

A estrutura

Você
Quais são as suas crenças éticas?

A sua atitude em relação às pessoas e aos problemas ao seu redor é central para tudo o que você faz. Para algumas pessoas, a ética pessoal é uma parte importante das decisões que tomam no dia a dia como consumidores, eleitores ou profissionais. Outros podem pensar pouco sobre a ética e, ainda assim, não ser antiéticos por esse motivo. Crenças pessoais, estilo de vida, política, nacionalidade, religião, sexo, classe, educação, tudo isso pode influenciar o seu ponto de vista ético.

Usando uma escala de 1 a 10, onde você se posicionaria? O que você leva em conta ao tomar decisões? Compare os seus resultados com os de amigos ou colegas.

O seu cliente
Quais são os seus termos?

As relações de trabalho são cruciais para o emprego da ética em um projeto, e a sua conduta no dia a dia demonstra a sua ética profissional. A decisão de maior impacto é, primeiramente, com quem você escolhe trabalhar. Empresas que fabricam cigarros ou comercializam armas são exemplos frequentemente citados quando se discute sobre onde deveria ser traçada uma linha, mas raramente as situações reais são tão extremas. Até que ponto você pode rejeitar um projeto por questões éticas e em que medida a realidade de ter que ganhar dinheiro para sobreviver afeta a sua capacidade de escolher?

Usando a escala de 1 a 10, onde você posicionaria um projeto? Como isso se compara com o seu nível de ética pessoal?

01 02 03 04 05 06 07 08 09 10   01 02 03 04 05 06 07 08 09 10

As suas especificações
Quais são os impactos dos seus materiais?

Recentemente, temos visto que muitos materiais naturais estão cada vez mais escassos; ao mesmo tempo, estamos mais conscientes de que alguns materiais feitos pelo homem podem ter efeitos nocivos em longo prazo sobre as pessoas ou o planeta. O que você sabe sobre os materiais que utiliza? Você sabe de onde eles vêm, o quanto viajam e sob quais condições são obtidos? Quando a sua criação não for mais necessária, ela será de reciclagem fácil e segura? Ela desaparecerá sem deixar rastros? Essas considerações são de sua responsabilidade, ou estão fora do seu alcance?

Usando a escala de 1 a 10, marque o quanto suas escolhas de materiais são éticas.

A sua criação
Qual é o objetivo do seu trabalho?

Entre você, seus colegas e o *briefing*, qual é o objetivo da sua criação? Qual será o propósito dela na sociedade? Ela fará uma contribuição positiva? O seu trabalho deve ter outros resultados além do sucesso comercial ou dos prêmios? A sua criação pode ajudar a salvar vidas, a educar, a proteger ou a inspirar? Forma e função são dois aspectos básicos do julgamento de uma criação, mas há pouco consenso sobre as obrigações dos artistas visuais e dos comunicadores para com a sociedade, ou sobre o papel que podem ter na resolução de problemas sociais e ambientais. Se você quer ser reconhecido como criador, qual é a sua responsabilidade pelo que cria e onde essa responsabilidade deve acabar?

Usando a escala de 1 a 10, marque o quanto o propósito do seu trabalho é ético.

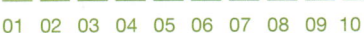

01 02 03 04 05 06 07 08 09 10

01 02 03 04 05 06 07 08 09 10

Estudo de caso   Fritz, o gato

Um dos aspectos da animação que levanta um dilema ético é o uso do meio para retratar visões inspiradoras ou educativas que outros meios podem ter dificuldade para comunicar. A animação tem o poder de dar vida e significado a cenários futuristas ou de fantasia onde as câmeras não podem ir. Com isso, vem a capacidade de ajudar o público a pensar de uma maneira diferente. Isso também tem a capacidade de abordar os assuntos mais difíceis ou perturbadores e tratá-los de maneira a tornar possível assisti-los. É responsabilidade dos animadores sempre encarar o meio com seriedade a respeito do que ele pode realizar na mente dos espectadores? As intenções menos sérias são sempre superficiais e, assim, menos importantes, ou há um papel legítimo para o puro entretenimento ou escapismo?

Fritz, o gato foi uma personagem de história em quadrinhos criada por Robert Crumb, artista e ilustrador norte-americano, conhecido por seu estilo característico e pela visão crítica e subversiva do comportamento de seu país. Fritz apareceu impresso pela primeira vez no final dos anos 1960, durante o Underground Comix Movement, do qual Crumb é considerado uma das figuras mais proeminentes. À medida que a personagem Fritz se desenvolveu, tornou-se uma paródia dos boêmios de classe média que diziam estar buscando verdades cósmicas, quando, na verdade, estavam mais interessados em se arranjar com as mulheres.

A ideia de fazer um longa-metragem ocorreu quando o produtor Steve Krantz se deparou com algumas das histórias. Krantz e o diretor Ralph Bakshi entraram em contato com Crumb para discutir os direitos de filmagem. O filme animado é uma sátira da vida acadêmica, das relações inter-raciais, do movimento do amor livre e da política dos anos 1960. Ele se concentrava em Fritz, que explorava os ideais do hedonismo ao participar em importantes revoluções sociais baseadas no movimento de protesto estudantil da época. Lançado nos cinemas em 1972, o filme foi uma das primeiras animações a ser considerada obscena. A trama incluía várias personagens antropomórficas envolvidas em sexo grupal, consumo de drogas, roubo de carros, perturbações da ordem pública, estupro, violência doméstica e atentado a bomba a uma central elétrica.

Diz-se que Bakshi queria que o filme fosse a antítese das produções de Walt Disney, e incluiu duas referências satíricas a elas. Em uma delas, as silhuetas de Mickey Mouse, Minnie Mouse e Pato Donald são mostradas encorajando a Força Aérea dos Estados Unidos a jogar *napalm* sobre uma vizinhança negra durante um tumulto. Conta-se que duas animadoras desistiram de participar, uma porque não poderia contar aos seus filhos no que estava trabalhando e a outra porque se recusou a desenhar seios expostos.

Afirma-se que Crumb detestou tanto o filme que moveu uma ação para tirar seu nome dos créditos. Contudo, como o nome dele permaneceu, não se sabe se isso é verdade. A despeito das objeções de Crumb, *Fritz, o gato,* foi um sucesso de bilheteria. Produzido com menos de US$1 milhão, foi o primeiro filme animado independente a arrecadar mais de US$100 milhões. Mas o desagrado de Crumb com o filme o levou a matar a personagem e impedir a produção de qualquer outro filme.

É mais ético usar personagens animados, em vez de atores reais, para retratar cenas de sexo ou violência?

É antiético desenvolver uma história sem envolver o escritor?

Você teria trabalhado em *Fritz, o gato*?

A animação pode explicar qualquer coisa que a mente humana conceber. Essa facilidade a torna o meio mais versátil e explícito de comunicação já inventado para apreciação rápida em massa

Walt Disney

Leituras complementares

AIGA
Design Business and Ethics
2007, AIGA

Eaton, Marcia Muelder
Aesthetics and the Good Life
1989, Associated University Press

Ellison, David
Ethics and Aesthetics in European Modernist Literature:
From the Sublime to the Uncanny
2001, Cambridge University Press

Fenner, David E W (Ed)
Ethics and the Arts:
An Anthology
1995, Garland Reference Library of Social Science

Gini, Al and Marcoux, Alexei M
Case Studies in Business Ethics
2005, Prentice Hall

McDonough, William and Braungart, Michael
Cradle to Cradle:
Remaking the Way We Make Things
2002, North Point Press

Papanek, Victor
Design for the Real World:
Making to Measure
1972, Thames & Hudson

United Nations Global Compact
The Ten Principles
www.unglobalcompact.org/AboutTheGC/TheTenPrinciples/index.html